「通古察今」系列丛书

独具气象：元代史学思想与史学成就研究

周少川 著

河南人民出版社

图书在版编目(CIP)数据

独具气象：元代史学思想与史学成就研究 / 周少川著. — 郑州：河南人民出版社，2020.10（2024.1重印）
（"通古察今"系列丛书）
ISBN 978-7-215-12345-8

Ⅰ.①独… Ⅱ.①周… Ⅲ.①史学-思想-研究-中国-元代 Ⅳ.①K092.47

中国版本图书馆CIP数据核字(2020)第186580号

河南人民出版社出版发行
（地址：郑州市郑东新区祥盛街27号 邮政编码：450016 电话：65788072）
新华书店经销　　　　永清县晔盛亚胶印有限公司印刷
开本　787毫米×1092毫米　1/32　印张　9.875
字数　135千字
2020年10月第1版　　　2024年1月第3次印刷

定价：58.00元

"通古察今"系列丛书编辑委员会

顾　问　刘家和　瞿林东　郑师渠　晁福林
主　任　杨共乐
副主任　李　帆
委　员　(按姓氏拼音排序)

安　然　陈　涛　董立河　杜水生　郭家宏
侯树栋　黄国辉　姜海军　李　渊　刘林海
罗新慧　毛瑞方　宁　欣　庞冠群　吴　琼
张　皓　张建华　张　升　张　越　赵　贞
郑　林　周文玖

序 言

在北京师范大学的百余年发展历程中,历史学科始终占有重要地位。经过几代人的不懈努力,今天的北京师范大学历史学院业已成为史学研究的重要基地,是国家首批博士学位一级学科授予权单位,拥有国家重点学科、博士后流动站、教育部人文社会科学重点研究基地等一系列学术平台,综合实力居全国高校历史学科前列。目前被列入国家一流大学一流学科建设行列,正在向世界一流学科迈进。在教学方面,历史学院的课程改革、教材编纂、教书育人,都取得了显著的成绩,曾荣获国家教学改革成果一等奖。在科学研究方面,同样取得了令人瞩目的成就,在出版了由白寿彝教授任总主编、被学术界誉为"20世纪中国史学的压轴之作"的多卷本《中国通史》后,一批底蕴深厚、质量高超的学术论著相继问世,如八卷本《中国文化发展史》、二十卷本"中国古代社会和政治研究丛书"、三卷本《清代理学史》、五卷本《历史文化认同与中国统一多民族国家》、二十三卷本《陈垣全集》,

以及《历史视野下的中华民族精神》《中西古代历史、史学与理论比较研究》《上博简〈诗论〉研究》等,这些著作皆声誉卓著,在学界产生较大影响,得到同行普遍好评。

除上述著作外,历史学院的教师们潜心学术,以探索精神攻关,又陆续取得了众多具有原创性的成果,在历史学各分支学科的研究上连创佳绩,始终处在学科前沿。为了集中展示历史学院的这些探索性成果,我们组织编写了这套"通古察今"系列丛书。丛书所收著作多以问题为导向,集中解决古今中外历史上值得关注的重要学术问题,篇幅虽小,然问题意识明显,学术视野尤为开阔。希冀它的出版,在促进北京师范大学历史学科更好发展的同时,为学术界乃至全社会贡献一批真正立得住的学术佳作。

当然,作为探索性的系列丛书,不成熟乃至疏漏之处在所难免,还望学界同人不吝赐教。

北京师范大学历史学院
北京师范大学史学理论与史学史研究中心
北京师范大学"通古察今"系列丛书编辑委员会
2019 年 1 月

目录

前 言 \ 1

第一章 元初对宋末空疏风气的反正 \ 6
一、宋末道学空谈流弊的反省 \ 7
二、元初务实用世思想的提倡 \ 15

第二章 论朱子学对元代史学思想的影响 \ 29
一、元代朱子学的传承及其与史学之关系 \ 30
二、朱子心性之学在元代史学思想中的反映 \ 39

第三章 元代关于历史盛衰之"理"的思考 \ 53
一、"物盛而衰,固其理也" \ 54
二、通"变"而达于"数" \ 60
三、王道德治的盛衰标准 \ 66

第四章　元代汉儒民族思想的发展进步 \ 79

一、理学思想中的"夷夏之辨" \ 79

二、"夷夏"变化：政治上民族思想的发展 \ 86

三、各为正统：史学上民族思想的进步 \ 94

第五章　元朝的开放意识与域外史研究 \ 102

一、元大一统帝国的开放意识 \ 103

二、对域外史事的记载和著述 \ 113

三、元代域外史研究的成就 \ 122

第六章　许衡的政治实践与历史观念 \ 139

一、五进五退的政治实践及其影响 \ 140

二、对历史盛衰变化之理的思考 \ 149

三、"王道德治"与"爱心公心"的盛衰历史标准 \ 154

四、总结"通变以合理"与"行汉法"的历史经验 \ 167

第七章　论胡三省的史学思想和文献考辨方法 \ 178

一、强调经史并重和历史借鉴 \ 181

二、以心性之学求盛衰之理 \ 187

三、阐发强烈的故国思绪和民族意识 \ 192

四、文献考辨的方法与评说 \ 197

目 录

第八章　论郝经的史学思想 \ 208
　　一、经史关系论的新发展 \ 209
　　二、"审势求理"的通变史识 \ 214
　　三、"行中国之道则中国之主"的民族史观 \ 218

第九章　虞集的理学倾向与史学理念 \ 228
　　一、思想渊源和理学倾向 \ 229
　　二、《经世大典序录》的经世治平意识 \ 237
　　三、历史借鉴与文献征实的观念 \ 247

第十章　马端临史学的经世致用思想 \ 258
　　一、思想渊源与编撰意图 \ 259
　　二、经世致用思想之要旨 \ 263
　　三、稽宋之衰为经世之鉴 \ 269

第十一章　苏天爵的文献征实思想 \ 277
　　一、广收博取　时不我待 \ 281
　　二、文献积累　经世致用 \ 286
　　三、贵贱不分　功罪并论 \ 288
　　四、校雠考辨　抉择去取 \ 291

主要参考文献 \ 295

前　言

元代史学因其所处社会现实的急剧变化，又承接了中原文化和其他多种文化营养的馈赠，而呈现出丰富多彩的内容。其独具时代气息的思想特征，以及其对于前代史学思想的发展和对后代的影响，可以概括为以下几个方面。

第一，元朝多民族统一国家的建立，各民族多元文化的融合以及元朝统治者对于以儒家思想为代表的中原"汉法"的逐步重视和接受，使得这一时期的史学家和思想家能以务实的态度看待各民族的历史地位和关系，从而引起了史学思想中民族观念的发展变化。史学思想中积极的、进步的民族观念冲破了"夷夏之防"，在辽、金、宋三史的编撰问题上摒弃了以辽、金为"边夷"，以宋为"正统"的偏狭观念，确立了"三国各与正统,各系其年号"的原则,从而保证了辽、金、宋三史对各民族历史的丰富记载,这在历代正史的编撰中具有特殊的意义。

第二,元朝大一统的局势及其广阔的疆域,不但加强了中原与边疆的联系,而且不断扩大与域外的交通,形成元代社会对外开放的特征。中外交往,不分此疆彼界的社会条件,大大开阔了元代史学家的眼界。史家总结历史、认识世界的历史意识有了提高,边疆史地、域外史地著作的数量不断增多,其认识的广度和深度皆超越了前代。元代开阔的历史意识及与此相关的史学成就,对明代西洋航海和海外记述有重要的引导作用,对清代后期的西北史地及其他边疆史地的研究和外国史研究有很大的影响。元代几部重要的域外游记和志略,不仅在后世有大批中外学者校勘、注释、研究,在国外也有不少译本,从这个意义上讲,它们的学术影响也是世界性的。

第三,元代理学成为占统治地位的思想意识形态,从积极的意义上说,为广大史家对历史过程作理性思辨提供了哲学依据,提高了元代史学思想的认识境界。元代史学思想在理学的影响下,具有不同于前代的一些思想特征。在历史观方面,元代史家和思想家注意考史而求理;注意历史过程中"数"与"变"的关系,强调通变;以是否实行王道德治,作为考察历史治乱兴衰的标准。在将理学的心性学说引入史学方面,揭傒斯关于"心术"和"史意"的思想,对于清代章学诚的"史德""史意"两大命题应有较为直接的影响。在经史关系论方面,史家胡三省就明确反对重经轻史的观念,表达了"经史并重"的主张;郝经、刘因则提出"古无经史之分"思想,在客观上削弱了经书的地位,强调了史学的重要。他们对于经史关系的系统论述,是古代史学思想对此问题认识的新台阶,与明代王阳明"五经亦史"、李贽"经史相为表里"、清代章学诚"六经皆史"的思想有相通之处。

第四,元代史学思想继承了宋辽金史学重视当代史学和总结历史的意识,更加重视史学的借鉴功能。元初学者反省了宋末理学高谈天人性命,而于经世救国无济于事的教训,注意学术经世的求实精神,有力冲击了空疏风气,对宋末元初学风的转变具有积极的意义。元代史学从时代要求出发,努力发挥史学的经世作用。马端临的《文献通考》继承杜佑《通典》"经邦""致用"的传统,以更为开阔的视角、详密的门类、丰富的内容对宋以前的历史进行了总结,它对于宋代衰亡历史教训的思考,为元代社会提供了宝贵的历史借鉴。虞集则在《经世大典》序录中宣扬多民族统一国家的意识,称颂元朝统一大业的宏大气象,阐述多民族统一国家"为生民之命而开太平之基"的历史作用和成就;总结和提倡爱民厚生的经世思想;强调德治教化的社会功用。这些都反映了元代史臣总结当代典制历史,为国家长治久安提供规范和可供参考的经世致用意识。

综上所述,元代史学及其思想继承前代史学的优良传统,汲取了理学哲学思辨的营养,以更为开阔的历史视野,在探求历史盛衰之理、发展多民族统一观念以及史学的世界性意识、史学经世思想等方面进行了可贵的探索和思考。本书既从综观的视角,揭示元代史学及其思想在以上几个方面的发展和演进;又选取元代几位重要的史家和思想家,从个案的具体分析中,看元代史学思潮的渊源流变及在不同学者思想中的多彩呈现,看元代史学在不同领域中的多样化成就。期待通过这些研究,更为深入地体会元代史学的时代精神,更好地继承中国史学中这份独具特色的宝贵遗产。

第一章 元初对宋末空疏风气的反正

元代初期,许多学者着力探讨宋朝为什么覆灭,理学为什么最终不能挽救南宋命运等历史问题,深刻反省宋末朝臣儒士"高者谈性理,卑者矜诗文,略不知兵财政刑为何物"[1]等空疏风气的祸害。元初对于宋末空谈性命、不务实政风气的反省来自两个方面:一是南宋遗民,他们痛定思痛,总结亡国历史教训,斥责宋末道学家平日高言阔步,战时束手无策、争相逃命的误国行径;二是元初继承南宋理学的学者,他们有的已服务于新朝,有的仍隐居在野,但都希望革除"宋世之末尚",使理学真正成为"道德其本,世教其

---

[1] 周密:《癸辛杂识续集》卷下《道学》,中华书局,1988年,第169页。

用"[1]的经世之学。无论是南宋遗民还是元初理学家，他们的反省，都为元代讲求致用之学的风气廓清了道路。在新朝甫始、百废待兴之际，元初一批希望有作为的学者适应社会需要，力纠道学家高言空谈的弊病，提出了一系列践履、笃实、用世的思想和主张，为元代经世思潮的兴起奠定了基础。

一、宋末道学空谈流弊的反省

南宋理宗以后，理学的地位上升，但是道学家们高谈义理性命，却无法解决社会危机，政治腐败与空疏学风交织，导致宋朝社稷一步步走向覆灭。在国难当头之际，那些以清谈为本的官吏则纷纷离朝弃城，以求保全身躯。南宋谢太后有一段充满绝望哀怨的诏斥，颇能反映当时朝臣长吏无补于社稷的丑态。诏曰：

> 我朝三百余年待士大夫以礼，吾与嗣君遭家多难，尔小大臣未尝有出一言以救国者，吾何负

---

[1] 许衡：《鲁斋遗书》卷八《熊勿轩先生文集序》，明万历二十四年（1596年）刻本。

> 于汝哉！今内而庶僚畔官离次，外而守令委印弃城，耳目之司既不能为吾纠击，二三执政又不能倡率群工，方且表里合谋，接踵宵遁，平日读圣贤书，自诿谓何？[1]

诚然，南宋的灭亡有其深刻的社会原因，但是士大夫不务富国强兵之政，清谈危坐，沽名钓誉，则也是南宋亡国的重要原因之一。

宋末元初，不少目睹了这场悲剧的学者纷纷从各个角度，对南宋道学家空谈性命、疏于实政的流弊进行了批评，这不仅是一次深刻的思想反省，同时也是一场历史教训的痛切总结。

首先，他们批评了宋末理学一些畸形的教育方式和不良学风。早在南宋中期，陈亮、叶适等儒者就对理学只讲义理、不求事功的倾向有过尖锐的抨击。陈亮在与朱熹进行的著名的义利之辩中，就曾讽刺当时一些"自以为得正心诚意"的道学家，"举一世安于君父之仇，而方低头拱手以谈性命"，"皆风痹不知痛痒

---

[1] 佚名撰《宋季三朝政要笺证》卷五，王瑞来笺证，中华书局，2010年，第393—394页。

第一章 元初对宋末空疏风气的反正

之人也"[1]。叶适则从当时道学教育对于不良学风的养成这一根源性问题进行了揭露,他说,往日以究心词赋视作虚言末技,今则"天下之士,虽五尺童子无不自谓知经,传写诵习,坐论圣贤,其高者谈天人,语性命,以为尧舜周孔之道尽于此,雕球刻画,侮玩先王之法言,反甚于词赋"[2]。他痛切地指陈学校教育从"五尺童子"起就将他们引入歧途的弊端,说明玩弄"先王法言"、穿凿"尧舜周孔之道"等不良学风的严重性。

元初一些学者对宋末道学这种"清谈危坐,相师成风"的教学程式极为反感,甚至极言教育科举之弊曰:"以学术误天下者,皆科举程文之士,儒亦无辞以自解矣!"[3]袁桷早年任丽泽书院山长时就总结和反省了宋末道学教育不良风气的历史教训,用以告诫元朝的县府州学,万不可蹈宋世之末尚。他说昔者腐儒学究只知习诵,却要妄谈性命,"至于圣人之经旨,莫

---

[1] 陈亮:《陈亮集》卷之一《上孝宗皇帝第一书》,中华书局,1974年,第8页。
[2] 叶适:《贤良进卷》卷三《士学下》,《宛委别藏》本。
[3] 谢枋得:《叠山集》卷六《程汉翁诗序》,《四部丛刊续编》本,商务印书馆,1934年,第129页。

之有解,日从事于口耳。孩提之童,齐襟拱手,相与言道德性命者皆是矣";"由是髫龀之童,悉能诵习,高视阔步,转相传授。礼乐刑政之具,狱讼甲兵之实,悉有所不讲";"科举承踵,骎骎乎魏晋之清谈。疆宇之南北,不接乎视听,驯致社亡,求其授命死事,率非昔日言性理之士。后之学者,宁勿置论而循其故习者哉?"[1]试想,髫龀孩提,不学南北疆宇,不知古今史事,只会高视阔步,齐襟拱手,"相与言道性命",小小年纪便成昏昏冬烘,科举取才,如何能有为国授命死事之士呢?元初理学家吴澄也对宋末道学教育深为不满,以为其"穷之所学,非达之所用;达之所用,非穷之所学"[2]。他们的这些分析,揭示了宋末道学空疏风气愈演愈烈的重要成因。元初迟迟不愿恢复科举制度,其中缘由之一,恐怕也是对宋末科举教育的失败心有余悸。

其次,元初学者对宋末道学家不学无术、沽名钓

---

[1] 袁桷:《清容居士集》卷十八《昌国州重修学记》,《丛书集成初编》本,中华书局,1985年,第325页。
[2] 吴澄:《吴文正集》卷七十二《将仕郎师济叔墓志铭》,《文渊阁四库全书》本。

誉的行径有深刻的揭露。胡祗遹就曾批评宋末有的道学家在解经时,"圣经一言,训释百言、千万言,愈博而意不知其要"[1],全是心无所得的夸夸其谈。吴澄则指出那些不学无术的儒生"一旦弃举子业,登吏部选,有民有社,临事懵然者众矣"[2]。

更为可恶的是一些假道学者靠剽窃先儒的经解语录,以片言只语虚饰惑众,牟取功名。他们以不同手法取舍先儒议论,为己所用,"急近功者剿取其近似,以为口耳之实。天人礼乐,损益消长,切于施为,所宜精思而熟考者,一以为几近迂缓而不讲。至于修身养心,或相背戾而不相似,则修饰俨默,望之莫有以窥其涘际"[3]。假道学者不仅避实就虚、欺世盛名,"甚者知其学之不能通也,于是大言以盖之",编造种种借口掩盖自己不学无术的面目,比如:

> 其不涉史者,谓自汉而下皆霸道;其不能辞

---

[1] 胡祗遹:《紫山大全集》卷二十六《语录》,《文渊阁四库全书》本。
[2] 吴澄:《吴文正集》卷七十二《将仕郎师济叔墓志铭》,《文渊阁四库全书》本。
[3] 袁桷:《清容居士集》卷十八《庆元路鄞县学记》,《丛书集成初编》本,中华书局,1985年,第317页。

章也，谓之玩物丧志。[1]

言词之不工，则曰吾何以华藻为哉！考核之不精，则曰吾何以援据为哉！[2]

他们巧舌狡辩，借道学之名以欺世。这种官场沽名钓誉、疆场无所作为的风气，成为宋季士大夫阶层的显著特色。正如周密所指出的，其本质归根结底是为了"钓声名，致膴仕"；"擢巍科，为名士"，而最终"必为国家莫大之祸"[3]。元儒陆文圭在回顾宋末的这段历史时不胜感慨，叹曰："浮诞补缀之词章，清高虚旷之议论，垢玩姑且之政事，百五六十年而后亡，独非幸耶？"[4]这是对宋末只图一己功名，置国家社稷而不顾等恶劣学风的无情鞭挞。

最后，元初的学者对于理学本身的缺陷有清醒的认识。应该说，宋末道学家也不尽是一批不学无术、

---

[1] 袁桷:《清容居士集》卷四十一《国学议》，《丛书集成初编》本，中华书局，1985年，第701页。

[2] 袁桷:《清容居士集》卷十八《昌国州重修学记》，《丛书集成初编》本，中华书局，1985年，第325页。

[3] 周密:《癸辛杂识续集》卷下《道学》，中华书局，1988年，第169页。

[4] 陆文圭:《墙东类稿》卷六《送曹士宏序》，《文渊阁四库全书》本。

第一章 元初对宋末空疏风气的反正

欺世盗名的无耻之徒，他们中间也有一些正心诚意、一心想扶正朝纲的真儒，比如像真德秀、魏了翁这样的朱学传人，则不愧"粹然而醇儒"之称。南宋后期理宗亲政，推行"端平更化"，期有所革新，曾重新起用真德秀、魏了翁等人。然而真、魏参掌朝政以后，对于如何清除弊端、富国强兵，实在拿不出一点好主张，只是继续大谈"正心、诚意"之道，什么实际问题也解决不了。他们的所作所为，暴露了道学家高谈性命、极高明之致，一涉政务，便空虚之极的通病。真、魏此等"醇儒"尚且如此，其他二、三流道学家，即不欺世盗名，也是懵懵懂懂，"率皆不近人情"。元初周密，曾专作《道学》篇，描述了这些道学家的昏聩无能，他说："每见所谓达官朝士，必愦愦冬烘，弊衣菲食，高巾破履，人望之知为道学君子也。清班要路，莫不如此。"他们"凡治财赋者则目为聚敛，开阃捍边者则目为粗材，读书作文者则目为玩物丧志，留心政事者则目为俗吏"。自称其学为正心修身齐家治国平天下，"然夷考其行，则言行了不相似，率皆不近人情"，清谈无为，长此以往，"卒致万事不理，丧身亡国"[1]。袁桷在分析宋末道学的弊端时也曾说：

> 自宋末年尊朱熹之学，唇儒舌弊，止于《四书》之注。故凡刑狱簿书，金谷户口，靡密出入，皆以为俗吏而争鄙弃。清谈危坐，卒至亡国而莫可救。[2]

那么，理学究竟出了什么问题？周密引用刘克庄的话说："自义理之学兴，士大夫精研寻微之功，不愧先儒，然施之政事，其合者寡矣。"他以为"此语大中今世士大夫之病"[3]。刘克庄的评论确实比较公正恰当地分析了南宋理学的成就和存在的实际问题，他认为南宋理学在道德的形而上学方面，超乎前贤而建树了精细玄微的哲理，这是理学在发展纯哲学思辨、培养主体的道德自觉性方面应该肯定的成就。但是理

---

[1] 周密：《癸辛杂识续集》卷下，中华书局，1988年，第169—170页。
[2] 袁桷：《清容居士集》卷四十一《国学议》，《丛书集成初编》本，中华书局，1985年，第701页。
[3] 周密：《癸辛杂识》后集《雅流自居》，中华书局，1988年，第95页。

学光有"安身立命"的高深理论，却没有"兼济天下"的办法，因此精妙的个体修养之功不合于时政，他们意识到这是理学在理论上的重大缺陷。我们今天看来，理学确实过分强调儒学的"内圣"一面，着力培养高度自觉的道德理性，而忽视了儒学生命力中还有面向现实、改造环境的"外王"特性。正因为理学偏离了儒学经世的基点，所以容易误入类如禅门的准宗教性修炼，空谈性理、鄙视实务的风气不仅弥漫士林，而且败坏了政治，这也是元朝以后数百年，清初顾炎武等人依然要愤怒声讨的问题。

二、元初务实用世思想的提倡

针对宋末道学家流于空疏、脱离实际的风气，元初学者，特别是一些理学家，有意纠正宋末理学的弊端，提出了一些治学经世的主张，为元代理学注入了务实的思想。这应该是元代理学的一个特点，但是以前的讨论似乎只注意朱陆合流，而忽视了元代理学的这一变化，因而也未能对元初务实用世思想对元代社会的积极影响给予积极的背定。

元初在北方大力传播理学、被称为"朱子后一人"的理学大家许衡首先值得关注。许衡亲见南宋之亡，入元以后，又积极参与了国家政治，因而他的理学要讲求修、齐、治、平，接触社会现实。许衡在认识论上，主张践履笃实。他批评那些空谈虚辞、于事无补的理学家，"道尧、舜、周、孔、曾、孟之言，如出诸其口，由之以责其实，则霄壤矣"[1]。他认为世间的"道"不是远离人事的东西，它应是"众人之所能知所能行者，故道不远于人"[2]。"道"既然不是高远难行的东西，所以他把民生日用的"盐米细事"也看作道和义，他说："大而君臣父子，小而盐米细事，总谓之文；以其合宜又谓之义；以其可以日用常行，又谓之道。文也、义也、道也，只是一般。"[3] 这里，他把"君臣父子"之天下大伦，与民生日用的"盐米细事"相提并论，有虚有实，同视为道，对以往理学只空谈心性的缺陷作了一些填补。因此，道不仅仅是虚论纲常，而且可以见诸行事，切于实用，这是他笃实的一面。

---

[1] 许衡：《鲁斋遗书》卷一《语录上》，明万历二十四年（1596年）刻本。
[2] 许衡：《鲁斋遗书》卷五《中庸直解》。
[3] 许衡：《鲁斋遗书》卷一《语录上》。

第一章 元初对宋末空疏风气的反正

许衡主张"躬行践履",当然,他的践履主要是继承朱熹的知行思想,指伦理道德的修养功夫。但是许衡的躬行践履也有自己的新内容,这就是他著名的"治生"理论。他说:

> 为学者治生最为先务。苟生理不足,则于为学之道有所妨。彼旁求妄进,及作官嗜利者,殆亦窘于生理之所致也。诸葛孔明身都将相,死之日廪无余粟,库无余财,其廉所以能如此者,以成都桑土,子弟衣食自有余饶尔。治生者,农工商贾而已,士子当以务农为生。商贾虽为逐末,亦有可为者,果处之不失义理,或以姑济一时亦无不可,若以教学与作官规图生计,恐非古人之意也。[1]

他指出,学者不能只会坐而论道,首先要有谋生的实践。确实,如果连"生理"尚且不存,何谈义理,从这点看,许衡的治生理论还有朴素唯物思想的痕迹。

---

[1] 许衡:《鲁斋遗书》卷十三《国学事迹》,明万历二十四年(1596年)刻本。

他为了说明"学者治生最为先务",举了一些很实际的例子,他说,如果生理不足,学者就可能走歪门邪道,甚至成为贪官污吏。诸葛孔明之所以至死保持廉洁,是由于能行桑土植利,使子孙衣食不缺,故生前不做贪污嗜利之事。他认为学者可以通过务农治生,甚至在不取不义之财的情况下,也可以经商得利。由此可见,许衡的躬行践履,本不是拘于道德修养功夫的,他的主张甚至在一定程度上突破了程朱理学言义不言利的思想界限,与程子见树木思修桥便感到罪过的规范大相径庭,这无疑是一种进步。许衡的躬行践履思想在明代有很大影响,遗憾的是,明儒理学的躬行学派继承的恰恰是许衡躬行践履思想的消极部分,而把他具有实用意义的方面完全阉割和遗忘了。

许衡不仅在理论上强调践履笃实,个人也积极投身于元初社会变革的政治实践,这主要表现在他认真地从历史上总结北魏、辽、金行汉法的历史经验,为元朝统治者提出了一整套立国规模的政治方略,并说服元世祖更改蒙古旧制,采用中原先进的典章制度,从而为元初的社会发展作出贡献。从这个意义上讲,许衡在史学经世方面,也是进行了有益的尝试的。

第一章　元初对宋末空疏风气的反正

与许衡一样,在元初政治上有不凡表现的理学家郝经,在学术经世上也提出了"道贵乎用"等一系列主张。郝经16岁束发学道,年轻时他就确立了"不学无用学,不读非圣书","不务边幅事,不作章句儒"[1]的治学座右铭。后来他又进一步提出了"道贵乎用,非用无以见道"的思想,并且以"辨天下之大事,立天下之大节,济天下之大难"作为自己的奋斗目标[2],事实上,郝经的一生没有背离过自己的志向。

郝经生活在金元之际的动乱时代,所以他特别强调乱世中的学而致用。首先,他指出儒者生当乱世,必须敢于"任天下之责","以生民为己任而不渝",尽己所能救民于水深火热之中。他谴责"视天民之毙而莫之顾"的各类儒生,如那些"往而不返"的山林之士,"既得而患失"的市朝之士,尤其是那种"华而不实,工丽缛,炫辞令,以沽名而贾利,自同于绨绣"的文章之士[3]。他向士林发出了振聋发聩的呼吁:"士于此时

---

[1]　郝经:《郝文忠公陵川文集》卷二十一《法箴》,明正德二年(1507年)刻本。

[2]　郝经:《郝文忠公陵川文集》卷二十四《上紫阳先生论学书》。

[3]　郝经:《郝文忠公陵川文集》卷十九《厉志》。

不自用，则吾民将膏铁钺，粪土野，其无孑遗矣。"[1]
由此可见在乱世之时，学术经世具有更重要的作用。
其次，他认为士之用世要"无时而奋"，他在《厉志》
篇中说：

> 与时而奋者，众人也；无时而奋者，豪杰也。
> 人之于世，治亦有用，乱亦有用。天生斯人，
> 岂欲其治而安于享利，乱而安于避祸，治亦无用，
> 乱亦无用，徒乐其生全其身而已乎？
> 天下无不可为之世，亦无不可为之时。

所谓"无时而奋"就是随时而奋、随时用世，既要有
用于治世，又要有用于乱世。"无时而奋"的用世思
想，反映了郝经"兴复斯文，道济天下"精神的一贯
性。再次，强调士之用世重在力行。金元之交，兵
火频仍，郝经从亲身经历中看到战乱带来的巨大破
坏，但他不认为士君子对此已经不能有所作为，他以
为："天之所与不在于地而在于人，不在于人而在于

---

[1] 郝经：《郝文忠公陵川文集》卷三十七《与宋国两淮制置使书》。

道，不在于道而在于必行力为之而已矣。"在这里，他进一步强调了"道贵乎用"的思想宗旨。郝经"佐王经世，拨乱反正，以为事业"[1]的政治实践非常突出，他辅助"能行中国之道"的忽必烈，四上国策，最后抱病出使南宋；他向忽必烈呈述的《便宜新政》十六事和《立政议》，在元初政治建设中发挥了重要作用。

在元代理学史上，郝经也堪称一代名儒。《陵川集》中的《道》《命》《性》《心》《情》《气》《仁》《教》八论，以及《五经论》《经史》《礼乐》等篇，阐述了他的理学思想。他的理学虽然基本上是承继朱熹的学说，没有什么大的突破，但也具有他务实的一些特点。比如，他重视六经，突出了六经作为万世常行之典的重要地位，并在《五经论》中，分别阐发了六经作为载道之书的性质。程朱理学特重四书，往往从四书中领悟机妙，寻绎天理；郝经则反对离六经而言道，注重从六经中求理质实，以此来弥补宋代理学某些空悟的缺陷。另外，他强调"道"与"形器"之间，是相涵相依的关系，

---

[1] 郝经：《郝文忠公陵川文集》卷二十九《原古录序》。

反对脱离形器而言道,反对空谈玄妙高深、不可捉摸的"天理",这与许衡的笃实颇有异曲同工之妙。由于郝经有务实的特点,所以他的治学重经又重史,他不仅提出"古无经史之分"的观点,而且主张治学"会通经史",认为"若乃治经而不治史,则知理而不知道;治史而不治经,则知迹而不知理"[1]。郝经的史学造诣颇深,著有《续后汉书》《通鉴书法》等专著,还应指出的是,他对治史有自己的独到见解。在《经史》篇中,他说:"学史者不昧于邪正,不谬于是非,不失于予夺,不眩于忠佞,而知所以废兴之由,不为矫诈欺,不为权利诱,不为私嗜蔽,不以记问谈说为心,则善学者也。"主张学史不被事象所迷,不被史文所惑,而要抓住学史的核心问题,即"知所以废兴之由",可以看出,他主张学史明治乱兴衰之由,而不在记诵玩味,实质上是强调了明史致用的治史途径。在《经史》篇中,郝经还分析了史法和经法的变化,最后总括指出,尽管经法有变、史法有变,紧要的是"但学之而不遗,辨之而不误,要约而不繁,得其指归而不异,而终之

---

[1] 郝经:《郝文忠公陵川文集》卷十九《经史》。

以力行而已矣",道出了学经学史须得其指归、用世力行的意义。

作为元代理学的代表人物,刘因也针对宋末理学"好新奇""好辟异""生穿凿"的弊病,阐发了返求六经,避免"求名而遗实"的思想。首先,他从经学历史的发展线索上强调了理学要以六经为本。他说:

> 六经自火于秦,传注于汉,疏释于唐,议论于宋,日起而日变。学者亦当知其先后,不以彼之言而变吾之良知也。近世学者往往舍传注、疏释,便读诸儒之议论。盖不知议论之学,自传注、疏释出,特更作正大光明之论尔。传注、疏释之于经,十得其六七,宋儒用力之勤,铲伪以真,补其三四而备之也。故必先传注而后疏释,疏释而后议论。始终原委,推索究竟。[1]

他批评了宋末学者舍六经传注疏释就读宋儒议论,是不知始终原委;反对离开经传直接发挥义理,凿空臆

---

[1] 刘因:《静修先生文集》卷一《叙学》,《丛书集成初编》本,中华书局,1985年,第4页。

断，指出只有循序渐进，先传疏后议论，才能推索经典之究竟。他还提倡，治经析理要做到"勿好新奇，勿好辟异，勿好诋评，勿生穿凿"；"毋惨刻，毋细醉，毋诞妄，毋临深以为高"[1]。他在这里突出汉唐传疏的地位和重要性，实际上是在强调理学须以六经为根本的思想，而由于六经传六艺之教，载五常之道，即事言理，正可补理学存在的一些穿凿空疏之病，这也就是刘因提倡以六经为本的目的。

在谈到六经与四书的关系时，刘因也特别强调了六经的重要地位，由于四书中的《大学》《中庸》之义在六经之中，所以他主要谈六经和《论语》《孟子》的关系。刘因在《叙学》篇里说："世人往往以《语》《孟》为问学之始，而不知《语》《孟》圣贤之成终者。所谓博学而详说之，将以反说约者也。圣贤以是为终，学者以是为始，未说圣贤之详，遽说圣贤之约，不亦皆驰乎？所谓颜状未离于婴孩，高谈已及于性命也。"宋代理学以四书为本，特别是朱熹作《四书集注》以后，四书的地位被日益抬高，凌驾于六经之上。有的人甚

---

[1] 刘因：《静修先生文集》卷一《叙学》，《丛书集成初编》本，中华书局，1985年，第4页。

第一章 元初对宋末空疏风气的反正

至舍弃六经而只读四书。针对这种情况，刘因指出，六经为博，《语》《孟》为约，圣贤道理由博而始，返博而约，故问学需先求六经，"六经即毕，反而求之，自得之矣"。他批评那些舍六经而直以《语》《孟》矜悟性命者，未免如要婴孩高谈，不得要领。他在分析六经和《语》《孟》的博约关系时，再次说明了六经为本的思想，并希望人们问学要返求六经。

至于六经的研习，也有一个由粗到精的次序，刘因在《叙学》篇中认为《诗》《书》《礼》《春秋》和《易》之间，是粗与精、名与实的关系，治经应该由粗到精，不可"求名而遗实"。这自然是对当时易学研究中，一些人好高骛远，不问他经，只治《易》经，结果穿凿附会的现象，给予含蓄的批评。刘因以六经为本的求实思想与郝经重视六经的观点是相通的，虽然他们讲究返求六经主要是为了弥补理学的缺陷，与明末清初顾炎武等人推六经之旨以经世致用、全面提倡实学的思想意义还不能相比，但他们的求实精神毕竟有力冲击了空疏风气，对于宋末元初学风的转变起到了积极的作用。

注重求实的学者往往比较关注史学，因为史学与社会生活的实际联系最为紧密。和郝经一样,刘因也有"古无经史之分"的思想[1],认为经本是史,经源于史。他在《叙学》篇中对上自先秦《左传》《国语》,下至宋朝《东都事略》等一系列史书的高下优劣,作了鞭辟入里、独具见识的评论。他提倡读全史,对许多历史人物也有臧否分析。他在臧否历史人物时还能够注意史学的鉴戒作用,比如他抨击五代"不倒翁"冯道了无廉耻,空留吟诗台让山野蒙羞,后世唾弃。[2]他更比较唐代两位名人王维、颜真卿才高通显而风节两判,在安禄山之乱中,颜氏"守孤城,倡大义,忠诚盖一世,遗烈振万古";而王维被捕变节,"苟免而不耻","呜呼!人之大节一亏,百事涂地",实为后人所戒。[3]在现实生活中,由于对元廷统治政策的不满,刘因在短暂出任东宫教职以后,便采取了回避政治的策略,不再出仕。但正如刘因所言,"时不与志,

---

[1] 刘因:《静修先生文集》卷一《叙学》,《丛书集成初编》本,中华书局,1985年,第4页。

[2] 刘因:《静修先生文集》卷六《冯瀛王吟诗台》,《丛书集成初编》本,中华书局,1985年,第98页。

[3] 刘因:《静修先生文集》卷二《辋川图记》,《丛书集成初编》本,中华书局,1985年,第41页。

用不与材,则可以立德,可以立言,著书垂世,可以为大儒"[1]。不能立功、立德、立言,忧世忧民,在儒家思想中,也是一种用世精神。

元初对于宋末空疏学风的反省和对务实用世思想的提倡,无论在元代历史还是在古代思想史上,都有其不可忽视的意义,元初社会思想和学风的变化,虽然深度和广度很有局限,以至于明代理学进一步走向游谈无根,几近于禅;虽然许衡、郝经、刘因等人讲究返求六经、践履笃实、道贵乎用的目的主要还是为了弥补理学的缺陷,与明末清初顾炎武等人全面提倡经世致用的思想不尽相似,但它毕竟是对理学"空谈道义"学风第一次较为深入的反省和批判。元初对于宋末空疏风气的反动,符合了当时社会现实发展的需要,它在学术上为元代史学经世思潮的发展开辟了道路,因此有了马端临《文献通考》、虞集等人《经世大典》总结典制、经邦济世的成就,有了欧阳玄等史臣在三史中阐释历史借鉴的追求。在政治上,则影响了许多汉族儒生从现实出发,摆脱理学"夷夏之辨"观

---

[1] 刘因:《静修先生文集》卷一《叙学》,《丛书集成初编》本,中华书局,1985年,第8页。

念的束缚,走上与元廷合作的道路,进而推动了各民族文化不断融合,有益于多民族统一国家的发展和进步。

第二章　论朱子学对元代史学思想的影响

　　理学是兴起于北宋时期的儒家思想新体系，它在儒家经学、道教和佛教思想相结合的基础上孕育生成，是哲学化的具有抽象思辨特色的新儒学。金朝入主中原后，宋室南迁，理学在南宋继续发展，朱熹成为理学集大成者；相反，金朝统治下的北方流传的却是传统的汉唐儒学，讲究章句训诂。元朝对全国的统一，打通了南北思想文化的隔阂，当时流行于南方的朱子理学适应中原儒士摆脱困境、寻找新的精神力量的需要，同时也适应了元朝统治者驾驭人心、稳定统治的需要，从而在北方传播开来。

一、元代朱子学的传承及其与史学之关系

蒙元贵族占领北方以后，面临的复杂问题是如何有效地统治这片既有发达农业经济、又有深厚文化积淀的新领地。在耶律楚材、杨惟中等儒士的劝说下，蒙元统治者了解到利用儒学思想的重要性，因此他们开始有目的地搜罗和起用一批儒士。太宗七年（1235年），蒙元军队攻占了德安（今湖北安陆），杨惟中、姚枢从俘房中挑出理学家赵复，延请至燕京讲授理学。于是，赵复开始了朱子在北方的传播。

《元史·赵复传》说："北方知有程朱之学，自复始。"

《宋元学案》说："自石晋燕云十六州之割，北方之为异域也久矣。虽有宋儒叠出，声教不通，自赵江汉以南冠之囚，吾道入北，而姚枢、窦默、许衡、刘因之徒，得闻程朱之学以广其传，由是北方之学郁起。"[1]

《经学历史》说："金元时，程学盛于南，苏学盛

---

[1] 黄宗羲：《宋元学案》卷九十《鲁斋学案》，全祖望补修，陈金生、梁运华点校，中华书局，1986年。

第二章 论朱子学对元代史学思想的影响

于北。北人虽知有朱夫子,未能尽见其书。元兵南下江汉,得赵复,朱子之书始传于北。"[1]

由此足见,赵复对于朱学北传贡献颇大,对于元代朱学有首倡之功。赵复(约1215-1306),字仁甫,德安人。因居江汉之边,故以江汉自号,人称江汉先生。据《元史》记载,赵复在理学北传的过程中,进行了几项主要的工作。一是将程朱的有关著述,全部抄录传与姚枢。二是由杨惟中、姚枢在燕京筹建太极书院,选取有关典籍八千余卷,由赵复在太极书院中讲授朱子理学,当时"学子从者百余人",如姚枢、窦默、郝经、许衡、刘因等著名学者,皆得学于赵复,从而为朱学的广泛传播打下了基础。三是撰写了《传道图》《伊洛发挥》《师友图》和《希贤录》四部著作。赵复在太极书院讲学时,因理学在宋朝已有较长的发展阶段,"其书广博",为使初学者便于贯通,得理学正宗,他首先注意宣明理学的道统。《传道图》序列了理学传承的统绪和三个主要阶段:伏羲、神农、尧、舜"继天立极",孔子、颜回、孟子"垂世立教",周敦颐、二程、

---

[1] 皮锡瑞:《经学历史》,中华书局,1959年,第204页。

张载、朱熹"发明绍续"。赵复排列的理学统绪,是对程朱道统学说的全面继承。他的《伊洛发挥》是对程朱理学的宗旨进行阐释。他的《师友图》,则会聚朱熹门生弟子53人,用以介绍朱学源流,与此同时,他也"寓私淑之志",将自己列入朱熹私淑弟子之列,以申明自身为朱学正宗传人的身份。至于《希贤录》,目的在于记述先贤伊尹、颜渊的言行,为后学提供榜样。[1]

赵复所著4种理学著作今已不存,所传仅有散入他人文集或总集的3篇散文和少量诗作,因此后世对他的理学思想难以作更多的分析,但他对朱学北传的首倡之功,以及在朱学北传过程中对孔孟以来道统的介绍,对朱子理学的著述、宗旨和源流的传布等贡献,则是可以肯定的。赵复的史学思想也因文献无征而难以求知,不过,他的《传道图》和《师友图》则是儒学史和理学史的重要著作,尤其是他的《师友图》,可看作是继朱熹《伊洛渊源录》后的又一重要学案体史著。

自赵复传程朱理学于北方,一时从者颇多,给人耳目一新的感觉,但是固守章句注疏或究心辞章声律

---

[1] 宋濂:《元史》卷一百八十九《赵复传》,中华书局,1976年。

者仍多,因而理学在相当一段时间内并未在北方普及。真正使朱子理学在北方推广,并使之确立不可动摇的地位者,当属元初理学家许衡。

许衡(1209—1282),字仲平,怀庆河内(今河南焦作)人。斋名曰鲁斋,故人称鲁斋先生。据《元史·许衡传》和耶律有尚所撰《考岁略》记载[1],许衡世为农家,父亲许通寓居河南新郑,许衡就出生在新郑。他年幼时勤勉好学,年轻时曾学习吏事和占术,并研习《尚书》等经典。蒙古军进攻金朝时,为躲避战乱,他隐居山东,得王弼《周易注》,潜心研读,学识增进。元太宗十一年(1238年),太宗考试各路儒生,许衡在河北大名应试合格,得入儒籍,时年29岁。当时窦默也在大名,遂与之交往,共同研习儒家经传。后又在河南苏门(今辉县西北)得遇暂时弃官隐居的姚枢,闻姚枢从赵复得程朱之学,便抄录程颐《易传》、朱熹《四书集注》和《小学》等书,开始了对理学的研习和传播。

许衡的理学思想基本上是祖述程朱,特别是朱熹

---

[1] 许衡:《鲁斋遗书》卷十三《附录》。

的学说，然后再加以通俗化的阐释，使北方的学者，尤其是蒙古、色目子弟易于接受。在姚枢等人的推荐下，许衡曾被元世祖多次召见。作为元朝的立国之臣，他向元世祖上《时务五事》疏，提出"行汉法"的一系列主张。他尊奉继承朱子的天道观、心性观思想，为适合元代社会实际的需要，他特别注重朱子有关伦理纲常的论述，反复阐明正心诚意的重要性；在认识论上，他主张知行并重、践履笃实、切近时务，他提出"为学者治生最为先务"[1]，提倡学者博古知今，当用于时，认为："夫人患不博古，而博古者或滞于形迹而不可用于时；人患不知今，而知今者或狥于苟简而有害乎道，二者皆非善学也。"[2] 这些都是许衡思想中有异于前人的时代特征。他有文集《鲁斋遗书》14卷传世，集中反映了他的主要理学学说。

元代理学家多推崇许衡为朱子之后在元朝承继道统的第一人。欧阳玄在所撰《神道碑》中概括地盛赞了许衡的学行，他说："先生真知力行，实见允蹈，斋居终日，肃如神明。""其为学也，以明体达用为主；

---

[1] 许衡：《鲁斋遗书》卷十三《附录·国学事迹》。
[2] 许衡：《鲁斋遗书》卷八《留别谭彦清序》。

其修己也,以存心养性为要;其事君也,以责难陈善为务;其教人也,以洒扫应对进退为始,精义入神为终。"[1]而虞集和苏天爵则具体地评价了许衡在元代朱学发展中的重要地位。虞集说:"于是数十年,彬彬然号称名卿士大夫者,皆其门人矣。呜呼!使国人知有圣贤之学,而朱子之书得行于斯世者,文正之功甚大也。"[2]稍后的苏天爵也由衷地赞叹曰:"呜呼!先王经世之志,儒者有用之学,久不著于世矣。世祖临御,方大有为,鲁斋以真儒之学,启沃弼正,俾圣贤之道,昭明于时,诗书之泽,衣被于世,斯则有功于今日之大者也。"[3]从许衡一出为京兆教授,三出为国子祭酒,讲学三十多年的经历来看,他对于元初理学在北方的推广和普及是功不可没的。尤其是他在国子学执教,来学者皆国家菁华,包括忽必烈亲选的诸蒙古子弟,诸生后来成为宰辅大臣者近十人,任各部及地方长官者又数十人,这些人对于确立理学在全国学术思想上

---

[1] 许衡:《《鲁斋遗书》卷十三《附录》。
[2] 虞集:《道园学古录》卷五《送李扩序》,《四部丛刊初编》本,上海书店出版社,1989。
[3] 苏天爵:《滋溪文稿》卷六《正学编序》,陈高华、孟繁清点校,中华书局,1997年。

的统治地位自然发挥了重要作用。

元代程朱理学的发展在北方除了许衡外，较重要的代表人物还有刘因。《宋元学案》说："有元之学者，鲁斋（许衡）、静修（刘因）、草庐（吴澄）三人耳。草庐后至，鲁斋、静修，盖元之所借以立国者。"[1] 在南方，则有以吴澄为代表的江右朱学。吴澄字幼清，号草庐，是许衡、刘因之后，元中期最著名的理学家，故元代理学有"北许南吴"之称。吴澄的传承属于朱学系统，但他也吸取了陆九渊"心学"的一些方法。《宋元学案》曰："草庐出于双峰，固朱学也，其后亦兼主陆学。""然草庐之著书，则终近乎朱。"[2] 所以他是元代朱学"和会朱陆"倾向较明显的重要代表人物。于是，北方的朱学由赵复而许衡、郝经、刘因，再至苏天爵；南方则有金华学派的金履祥、许谦，再至欧阳玄[3]；又有江右朱学，由吴澄至虞集、揭傒斯。

元仁宗延祐元年（1314年），元朝恢复科举取士，

---

[1] 黄宗羲：《宋元学案》卷九十一《静修学案》。
[2] 黄宗羲：《宋元学案》卷九十二《草庐学案》，第四册，第3036页。
[3] 黄宗羲：《宋元学案》卷八十二《北山四先生学案表》，第四册，第2720、2721页。

第二章 论朱子学对元代史学思想的影响

明令科考从"四书"内设问,并用朱熹的章句集注。朱子理学成为官学,这是理学在元代传播的大事,理学成为元代的统治思想,影响了元代的政治和学术思想,其中自然包括了对史学思想的影响。元代像许衡、郝经、刘因等理学家,不仅善于运用理学的哲学思辨来思考历史问题,总结历史经验,而且也善于从历史中吸取营养,来发展理学。他们对于历史的思考,成为元代史学思想的重要内容。

元代朱学继承了宋代朱子理学思想的基本原则,通过天道观、心性观、知行论等理学范畴的阐述,对封建秩序符合"天道"的合理性,以及人们如何遵守伦理纲常、加强自我修养的方法进一步加以发挥和论证。理学家认为自然界和社会的变化运动都是天理流行,天地万物都是一理,社会的人事变迁虽有具体情形,但最终还是"一理"。许衡说:"天即理也,有是理而后有是物。""凡物之生,必得是理而后有是形,无理则无形。"[1]元代朱学思想中对于自然与社会中"天理"的探讨,影响了史学家对于历史过程中盛衰原因

---

[1] 许衡:《鲁斋遗书》卷一《语录上》。

与治乱标准的理性思考。

　　元代朱学同样继承了宋代朱子理学的天人关系学说，他们预设在天理和人心之间，并不是彼此隔绝，而是互相连通的，人心中潜在的"明德""良知"，乃是天理的表现。许衡说："心形虽小，中间蕴藏天地万物之理，所谓性也，所谓明德也。虚灵明觉，神妙不测，与天地一般。"[1]这就是说，外在的天理，以"性"的形式，蕴于人心，人可以通过修心养性的主观意志活动来体承天理，臻于完善。在明心求理的方法上，元代朱学具有"和会朱陆"的特点，即在性理关系方面，承袭朱熹的思想；而在识见天理的方法上，多采用陆九渊"直求本心"的简易途径。元代理学的心性学说不仅是儒家道德伦理规范在哲学上的升华，而且由于元代理学的官学化，更具有了社会性内涵，它促使元代史学注意从儒家政治伦理目标和道德责任感的角度，总结道德修养所激发的精神力量在社会实践中所发挥的历史作用。

　　元代朱学传人不仅包括了重要的史家，许多理学

---

[1] 许衡：《鲁斋遗书》卷二《论明明德》。

家也有丰富的史学思想，朱学又因其官学的地位，因而深刻影响了元代的史学思想，尤其在历史盛衰观以及将心性之学引入史学方面更为明显。

二、朱子心性之学在元代史学思想中的反映

理学区别于以往儒学的另一重要特色就是它的心性学说，因此，讨论元代朱学对史学思想的影响时，必须考察元代史学家和思想家如何将朱熹的心性之学运用于史学。

朱熹的心性学说把性分为"天地之性"和"气质之性"，前者是至善至美的理，纯正清净；后者是理气之合，故有善与不善。二者统于心中，所以"心之所主，又有天理人欲之异，二者一分，而公私邪正之途判矣"。朱熹心性观在社会政治和历史领域的贯彻是"心术"的正邪之辨，天理存则心正，人欲存则心邪。比如，他认为三代帝王"心术"正，天理流行，是王道盛世；三代后帝王"心术"不正，人欲流行，是霸道衰世。元代理学家基本继承了朱熹的心性观，虽然他们在如何识见天理的心性修养方法上，往往游离于朱

学和陆九渊心学之间,具有朱陆合流的倾向,但他们在社会政治领域中,无不从修身齐家治国平天下的逻辑联系出发,要求自己和他人都通过心性的道德修养,来增强维护道统的责任感和自觉心。因此,元代心性学说在社会历史领域里,也常常以"正心"为标准来总结历史经验和判断历史是非,包括衡量史学家自身的品格优劣和水平高低。元代史学家和思想家还注意从"民心"向背来考察"君心"的正邪,得"民心"者"君心"正,失"民心"者"君心"邪,这是元代史学思想对于"正君心"理论的新发展。

(一)以"爱心""公心"求"天下心"

元代史学思想在朱学心性学说的影响下形成了"正心"说,并进一步演绎了"正君心"的思想内容。

其一,他们强调人君担天下重任,要严于律己,先正身心。人君承天眷命,位极人上,因此责任重大,不可贪图享乐,务必勤勉谨慎,许衡就曾说:

> 盖天以至难任之,非予之可安之地而娱之也。尧舜以来,圣帝明王,莫不兢兢业业,小心畏慎,

第二章 论朱子学对元代史学思想的影响

> 日中不暇,未明求衣,诚知天之所畀,至难之任,初不可以易心处也。[1]

君王不仅要勤勉,还要"小心畏慎",畏慎的理由一方面是因为天下大事乃"至难之任",须小心对付;另一方面当然是要小心自己的言行,因为"一句言语有差失,足以败坏了事,人君一身行得好时,便可以安定其国"[2]。人君的身心言行关系到国家成败,关系到天下风气好坏,为了说明这一点,许衡引历史上的明王暴君为例:

> 尧舜之为君,他躬行仁爱于上,天下之人见他所行的是仁,也都去学他行仁,这是尧舜帅天下以仁而民从之。桀纣之为君,他自行暴虐于上,天下的人见他所行的是暴,也都去学他行暴,这是桀纣帅天下以暴而民从之。[3]

人君是天下的表率,君正才能民正。对此,许谦也有

---

[1] 许衡:《鲁斋遗书》卷七《时务五事》。
[2] 许衡:《鲁斋遗书》卷四《大学直解》。
[3] 许衡:《鲁斋遗书》卷四《大学直解》。

同样的看法:"好善恶恶,人心所同,故上之人尽孝、弟、慈,而民便兴起。可见,人同有此明德而易化矣。则上之人凡所好恶,民无不同者。"[1]他们把君心和世风正衰、社会治乱联系起来,因此特别强调人君的修身正心。许衡说:"孔子道:修身在正心。这的是《大学》里的一个好法度……一心正呵,一身正、一家正、一国正,这的便是平天下的体例。"他以历史上的商纣王、周幽王、隋炀帝等亡国之君为例,说"这的都是那不能正心做坏了家国"的人,"至今人都笑骂";他又说尧位禅舜"是以正心用正人",因此尧舜被"天下后世说做仁贤之君"[2]。

在封建制度下,君王是至高无上的,更由于天命史观和纲常观念的思想规定,人君必然成为封建史学关注的核心。因此,在历史考察中,"君心"问题便成为心性学说在史学领域贯彻的首要议题,"正君心"则是这种历史考察得出的重要经验。

其二,探讨了"正君心"的外部环境和基本内容。

---

[1] 许谦:《读四书丛说》卷四《大学》,《丛书集成初编》本。
[2] 许衡:《鲁斋遗书》卷三《大学要略》。

第二章　论朱子学对元代史学思想的影响

"人君当防未萌之欲,辅养君德要使跬步不离正人"[1]。他们注重人君身心修养的环境,认为历史上"周成王即位之初,春秋方富,于时周公为师,召公为保,辅养保护,克尽其道……故成王所见皆正事,所闻皆正音,卒能养成德器,致治隆平,享国长久,为周贤君"[2]。让人君每日所见都是"正事",每日所闻都是"正音",这自然是人君修养身心的最佳环境,但是这种环境往往是儒臣为人君设想的目标,在实际中是难得多见的。那么,人君如何在不同的环境下坚持"正心","正心"的基本内容又是什么呢?仍在戎马倥偬、四方未定的元朝初年,许衡就从历史观察的角度,为忽必烈提出了"正君心"的基本内容和治国方略:

> 古今立国,规模虽各不同,然其大要在得天下心,得天下心无他,爱与公而已矣。爱则民心顺,公则民心服,既顺且服,于为治也何有?[3]

---

[1] 苏天爵:《滋溪文稿》卷五《伊洛渊源录序》。
[2] 苏天爵:《滋溪文稿》卷二十六《建白时政五事》。
[3] 许衡:《鲁斋遗书》卷七《时务五事》。

许衡的治国方略简要明确，说到底就是以爱心和公心得天下心，他认为这个"爱"和"公"就是君心所应具有的基本内容。所谓"爱"，便是爱民，"为人上的爱养那百姓，每当如那慈母保爱小儿一般"[1]。许衡还把"爱"和"仁"联系在一起，他说："仁者性之至而爱之理也，爱者情之发而仁之用也。"[2]这么说，爱就是仁，就是仁爱之心。那么"公"是什么呢？公自然是私的悖义，《墨子·尚贤》曰："举公义，辟私怨。"荀子说："明分职，序事业，材技官能，莫不治理，则公道达而私门塞矣。"[3]宋元理学的心性之学则往往把"公"看作是与"私欲"相对立的概念。北宋周敦颐认为，"公"是无私无欲的表现，他说："无欲则静虚动直，静虚则明，明则通；动直则公，公则溥，明通公溥，庶矣乎。"[4]许衡在宋儒的基础上，对于"公"作出了自己进一步的解释，他说："公者，人之所以为仁之道也……仁者，

---

[1] 许衡：《鲁斋遗书》卷一《语录上》。
[2] 许衡：《鲁斋遗书》卷一《语录上》。
[3] 《荀子·君道》。
[4] 周敦颐：《周子通书》，《四部备要》本。

人之心所固有，而私或蔽之以陷于不仁。故仁者必克己，克己而公，公则仁。"[1]根据他的说法，"公"就是要克己之私欲以行仁，因此"公"也即仁。许衡将爱心和公心都归结于"仁"，这就正如他所说过的："为人君止于仁，天地之心仁而已矣。"[2]爱心、公心归于仁，说明"正君心"的目的是要人君行仁政，这样，许衡在社会历史领域的"正君心"思想就和他所主张的以王道德治为盛衰标准的思想达成一致，从而形成合乎逻辑发展的完整体系，即人君有爱心和公心，便能施行仁政，仁政得以实施，自可得"天下心"，达到无为而治的境界。

其三，元代史学思想的"正心"说还有令人瞩目的一个方面，就是把"正君心"的要求推广到正臣心的广阔领域。这种思想发展的根源来自两个方面：一是史学本身发展的延续，南宋末年王应麟的《困学纪闻》、黄震的《古今纪要》和《戊辰修史传》已经开始注意从宰臣的辅佐方面考察国家的治乱安危，他们历史思考的角度会对元代史学有所影响；二是元朝政治

---

[1] 许衡：《鲁斋遗书》卷一《语录上》。
[2] 许衡：《鲁斋遗书》卷一《语录上》

的现实出现了阿合马、桑哥、卢世荣等擅财专权、结党营私、贪赃受贿的奸臣,引起元代理学和史学对于用人、选材等问题的重视和思考,正臣心的要求也就自然而然地提出来了。

正臣心的思考可以说首先也是从爱心、公心的范围展开的。比如,许衡主张"人君为政在得贤臣为辅佐",那么"贤臣"的条件是什么呢?他具体阐述道:

> 贤者以公为心,以爱为心,不为利回,不能势屈,寔之周行,则庶事得其正,天下被其泽,贤者之于人国,其重故如此。[1]

这段议论还是以爱心、公心作为贤臣正心的基本内容,有此二心就能不为势利所败,而布泽于民,有益于国。按许衡的说法,爱心和公心都是"仁"的体现。在正臣心方面,除了"仁"的规定,他还进一步发挥,提出了"义"的要求,他说:

---

[1] 许衡:《鲁斋遗书》卷七《时务五事》。

第二章 论朱子学对元代史学思想的影响

> 为人臣者常存心于君,以君心为心,承顺不忘,愿国家之事都得成就,即是至公心,可谓仁也。于自己为臣之分,各有所当职,常保守其分,不教亏失,可谓义也。[1]

这里"义"的要求,就是要人臣尽职尽力,不使自己份内的差事有所闪失。总之,承顺君心是为仁,恪守其职是为义,都是从君王的需要出发,以人臣为御用工具,来谈人臣应有的"正心"。这些阐发虽然增加了"义"的内容,但是相比以上的一段议论并无太多新意,相反泯灭了人臣不为利势所曲的人格,以及为民谋利的积极意义。

对于人臣修身正心的探讨,还有其他的一些看法。比如,苏天爵认为:"一命之士苟存心于爱物,于人必有所济,则正主庇民之道,岂有外此者乎?"[2]他是强调爱心的,以为只要存心爱物,则可上辅君主,下护百姓,除此之外便无需他论了。胡三省在《通鉴新注》里对"臣心"也有探讨,例如他赞扬唐朝人臣多有"忠

---

[1] 许衡:《鲁斋遗书》卷二《语录下》。
[2] 苏天爵:《滋溪文稿》卷五《伊洛渊源录序》。

义之心",注曰:"唐屡更丧乱,至于广明,举家殉国,犹不乏人,恩义有结之素也。"[1] 他还谈到人臣的"是非之心",《通鉴》记载唐哀宗时昭义节度使丁会因不满朱温谋杀昭宗而降于李克用,其实朱、李都是反唐藩镇,后来各自立了王朝,随朱归李都是叛唐,并无本质差异,丁会是非不明,故胡三省讥之曰:"无是非之心非人也,丁会其有是非之心者乎!"[2] 胡三省论"臣心"多与臣节相关,这是他刚刚经历了宋元鼎更,有感于易代人臣不同表现的思想反映。

(二)"君心"与"民心"

元代史学"正心"的思想多从"君心"和"臣心"考虑,尤其着重于"君心"。诚然,在封建社会里,统治阶级及其代表居社会矛盾的主要方面,他们的言行有时会对社会发展速度的快慢产生严重影响。封建史家和思想家因客观局限,看到的是君王一言兴邦或一

---

[1] 司马光:《资治通鉴》卷二百五十四《唐纪十七》"僖宗广明元年"注文,胡三省音注,中华书局,1956年。
[2] 司马光:《资治通鉴》卷二百六十五《唐纪八十一》"哀宗天佑三年"注文。

第二章　论朱子学对元代史学思想的影响

言丧邦，辅臣匡扶天下的表象，却未能深入认识人民群众创造历史和推动历史的根本作用，因此强调"正君心"的历史意义和重要性，这是符合他们的思想逻辑和所处时代之认识水平的。"正君心"的思想基础虽然是帝王将相创造历史的唯心史观，而在客观上则通过"正君"，强调君主在治理国家的过程中严于律己，起到在道德规范上约束君主及其臣辅的作用。还应该特别注意到的是，尽管元代史学家和思想家的"正君心"思想是以英雄史观为基础的，但是他们能够较为清醒地感觉到"民心"的向背可以检验人君"正心"与否。因而在心性学说的运用中，他们也注意总结"民心"向背，以观照"君心"正邪，这是元代史学心性观念的新发展。

重"民心"的思想是孟子最先提出来的，他说："桀纣之失天下也，失其民也；失其民者，失其心也。得天下有道，得其民，斯得天下矣。得其民有道，得其心，斯得其民矣。"[1]民心得失事关天下得失，这是孟子重民思想的出发点。元代学者继承了孟子的这一思

---

[1]《孟子·离娄上》。

想，史学家胡三省就在《通鉴音注》中对"民心"与"君心"的关系作了正反两方面的探讨，比如，《通鉴》记五代十国时南唐失政，饥民渡淮而投后周，三省论曰："观民心之向背，唐之君臣可以炭炭。"[1]这是从民心的背离，看南唐君心的问题。他对于玩弄政治手腕、收买民心的虚假"君心"也作了无情揭露。如西晋羊祜与吴兵对峙，羊祜帅兵不扰吴民，以示晋君怀柔之心，《通鉴》说此乃西晋"务修德信"，而胡三省则认为这时羊祜"正以陆抗对境，无间可乘，故为是耳。若曰'务修德信'，则吾不知也"[2]。又如杨坚为了篡周，则于后周末年尽革苛刻之政，宽大刑律，为他以后的良好"君心"先作铺垫，三省注曰："古之得天下，必先有以得天下之心，虽奸雄挟数用术，不能外此也。"[3]于此贬斥杨坚的奸雄心术。

许衡在向忽必烈进言为君大要时也提出"得民心"的策略，他认为："天之树君，本为下民。"民心是国

---

[1] 司马光：《资治通鉴》卷二百九十一《后周纪一》"太祖广顺三年"注文。

[2] 司马光：《资治通鉴》卷七十九《晋纪一》"武帝泰始八年"注文。

[3] 司马光：《资治通鉴》卷一百七十四，《陈纪八》"宣帝太建十二年"注文。

第二章　论朱子学对元代史学思想的影响

家天下之根本，因此他在讨论"正君心"的时候，常常与"得民心"相提并论，他说：

> 上以诚爱下，下以忠报上，有感必应，理固亦然……必知古者《大学》之道，以修身为本，凡一言也，一动也，举可以为天下法；一赏也，一罚也，举可以合天下公，则亿兆之心，将不求而自得，又岂有失望不平之累哉！奈何此道不明，为人君者不喜闻过，为人臣者不敢尽言，合二者之心，以求天下之心，则其难得亦固宜。[1]

他把"民心"得失作为"君心"正否的标准："君心"正则"民心"不求自得；"君心"不正则"民心"欲求亦难。他还用历史事实来证明这种联系的必然性，比如秦失民心，是由于始皇残暴，"秦之苦天下久矣"；汉得民心，尤其文帝时更是人心翕然，为什么呢？他分析道：

---

[1]　许衡：《鲁斋遗书》卷七《时务五事》。

> 其忧也,不以己之忧为忧,而以天下之忧为忧;其乐也,不以己之乐为乐,而以天下之乐为乐。今年下诏劝农桑也,恐民生之不遂;明年下诏减租税也,虑民用之或乏。恩爱如此,宜其民心得而和气应也。[1]

许衡在这里想着重说明汉文帝能得民心,是由于"君心"正,以天下之忧为忧,以天下之乐为乐,关爱民生民用,所以宜其得民心也。

总的来说,元代史学中的心性说将"得民心"和"正君心"联系起来,使"得民心"这一儒家政治理论的理想目标有了更为具体的实施内容。另外,将"民心"得失作为正"君心"的检验标准,也是从心性学说的角度,对统治者进一步提出了重民的要求,这是它具有积极意义之处。

---

[1] 许衡:《鲁斋遗书》卷七《时务五事》。

第三章　元代关于历史盛衰之"理"的思考

　　古往今来对于历史的认识，总是有一个基本的看法，比如，历史是如何运动的，历史为什么是这样或那样地运动，是什么在其中起了决定的作用。这是历史观的问题，由于一个时代史学思想中的历史观与当时哲学的发展水平密切相关，因此，考察元代历史观必须特别注意元代理学思潮对于当时史学思想的影响。

　　在宋代兴起，并于元代成为官学的理学是由赵复北传和"北许南吴"的推动而发展起来的。元代理学继承了宋代理学思想的基本原则，通过天道观、心性观、知行论等理学范畴的阐述,对封建秩序符合"天道"的合理性,以及人们如何遵守伦理纲常、加强自我修养的方法进一步加以发挥和论证。元代理学思想中对于自然与社会中"天理"的探讨影响了元代社会对于历史过程中盛衰原因与治乱标准的理性思考。

一、"物盛而衰,固其理也"

理学以理或天理作为宇宙本体是宋代程朱理学最基本的命题,不仅程朱如此,陆氏心学也有大致相同的认识。陆九渊说:"塞宇宙,一理耳。"程朱与心学重要的区别是求理于物或求理于心的不同。尽管宋代理学各派学说各有特色,但都无一例外地承认存在某种超乎天地万物的宇宙本体,自然和社会的一切均由这一本体产生、派生或外化。正是在这种认识的基础上,理学家们系统地回答了社会、政治、人性、道德等一系列问题。元代理学继承了宋代理学思想原则,同样以理作为其哲学的最高范畴,只是有时所用的术语不大相同而已。比如理学大儒许衡(1209—1282)就说:"太极之前,此道独立。道生太极,函三为一,

第三章　元代关于历史盛衰之"理"的思考

一气既分，天地定位。"[1] 道是最先存在的本体，道生太极，太极包含天、地、人三才，故太极又可生天地万物。"道"也就是"理"，"只有一个理，到中间却散为万事，如达道达德九经三重之类，无所不备"[2]。理作为绝对的本体，它决定了事物产生的所以然和发展的所当然，"其所以然与所当然，此说个理"。"所以然"是指事物发生的本原和根据，"所当然"是指事物发展的规律和法则。许衡正是从理出发，探求万事万物的"所以然"和"所当然"，并依据所处时代的客观条件，形成了自己独立的历史观。

许衡一方面看到历史过程运动变化的必然性，他说："尝谓天下古今一治一乱，治无常治，乱无常乱，乱中有治焉，治中有乱焉。乱极而入于治，治极而入于乱。乱之终治之始也，治之终乱之始也。"[3] 这种一治一乱，治极而乱，乱极而治的历史观包含了相互对立、相互转化的辩证法因素，而这样的辩证法因素又与他论阴阳消长，"消之中复有长焉，长之中复有消

---

[1] 许衡：《鲁斋遗书》卷十《稽古千文》。
[2] 许衡：《鲁斋遗书》卷五《中庸直解》。
[3] 许衡：《鲁斋遗书》卷九《与窦先生》。

焉"[1]的思想密切相关。另一方面他观察社会历史运动时,又能注意到治乱双方是对立统一、相互依存,"乱中有治、治中有乱"的关系。它们的相互转化是一个渐进转换、由量变到质变的过程。"世谓之治,治非一日之为也,其来有素焉";"世谓之乱,乱非一日之为也,其来有素焉"。许衡看待历史过程运动变化的眼光是辩证的,但是他未能说明社会历史一治一乱的运动结果,究竟是前进了还是后退了,因此他像古代许多具有辩证思想的思想家一样,没有跳出历史循环论的窠臼。

社会历史总是由治而乱、由乱而治不断交替的,然而是什么原因造成这种变化呢?其中的"所以然"和"所当然"是什么呢?许衡曾尝试对此进行解释,他以"天人相胜"的道理来解释治乱相寻之"所当然",并继承司马迁"一质一文,终始之变"的说法,把尚质、尚文作为不同的社会特征。他认为天是尚质的,人是尚文的;天胜则质掩文,乱世渐"平"而转为治世;治世尚文,于是文胜质、人胜天,治世渐"偏"而转为

---

[1] 许衡:《鲁斋遗书》卷六《阴阳消长》。

乱世，这便是一治一乱的变化规律。接着，他又说：

> 析而言之，有天焉，有人焉。究而言之，莫非命也。命之所在时也，时之所向势也。势不可为，时不可犯，顺而处之，则进退出处、穷达得失莫非义也。古之所谓聪明睿智者，唯能识此也。所谓神武而不杀者，唯能体此也。[1]

应该说，许衡对于治乱相因的分析是具有辩证因素的；但是他将治世乱世"所以然"的探究归结为"莫非命也"，认为人们只要尚质无为、顺从于"天"，就可达于治世，从而把人的主观能动作用看成无用甚至有害，则是明显的缺陷。在这一段文字中，他用了天、人、文、质、命、时、势等许多概念，显得比较混乱。其实所谓的天、命、时、势，他这里说的是表里相关的一回事，总的意思是要说明"天命"对于历史治乱的决定意义，这是宋元理学唯心社会史观不可避免的错误结论。

---

[1] 许衡：《鲁斋遗书》卷九《与窦先生》。

然而，许衡的天命史观不是彻底的唯心史观，是与那些空洞虚诞，依靠天命神意、五行灾祥进行说教的天命观有极大区别的。他的天命观只是作为封建纲常秩序的理论基础，目的在于强调以理学王道德治的政治目标，作为治乱衡量标准的合理性；王道德治要靠人来实现，因此许衡的天命史观其实也不完全排斥人事，这一点在下边的相关问题中将有详细分析。这里可以看出，许衡虽将治乱成因归于"天命"，但他毕竟联系到社会变动中的"时"与"势"，他主张人之所为要顺应时势、合乎时宜的思想是合理的。尤为重要的是，他能论史而求理，注意探索历史运动的法则和历史变化的成因，尽管其结论终归错误，但这种哲学思考对于元代历史观的纵深发展是十分有益的。

在元代理学思想认识的影响下，元代史家在史学研究中多能注意透过纷繁杂呈的史事，探求历史兴衰治乱之理。比如稍后于许衡的史学家胡三省（1230—1302），在一生心血凝聚的史学巨作《通鉴音注》中，就没有把《通鉴》注释仅仅看作是文字训释或名物考证的工作，而是通过对史事的分析，在注释文字中融入了他对历史运动过程的深刻思考。他说："物盛而衰，

第三章 元代关于历史盛衰之"理"的思考

固其理也。"[1]指出历史盛衰变化受"理"的支配,理存于史事之中,因此考察历史要善于求理。如何观史以求理呢?胡三省认为看待历史变动时,必须抓住影响盛衰的"大致","善觇国者,不观一时之强弱,而观其治乱之大致"[2]。他在分析一些朝代兴衰变化、鼎祚迁移时,特别注意从人心向背以观历史大势,便是他抓历史"大致"的具体体现。元代中期主持大型典志体史书《经世大典》编撰工作的虞集,也强调了从历史兴废存亡处,思考变通之理的重要性,他说:"夫古今治乱之迹不考,则无以极事理之变通,又史学之不可不讲也。"[3]从"考史以极事理"的思想出发,虞集总裁《经世大典》修撰时,不仅议立篇目,网罗文献,而且在全书各门各类之前设立序录,交待立目旨意,勾勒元初以后各项典章制度的演变原委,总结历史经验。现存于《元文类》的《经世大典》210篇大小序录反映了虞集等史臣对元代中期以前历史进程及典制沿

---

[1] 司马光:《资治通鉴》卷一百四十九,第4646页。
[2] 司马光:《资治通鉴》卷二百八十六,第9334页。
[3] 虞集:《道园学古录》卷三十一《送饶则明序》,《文渊阁四库全书》第1207册,台湾商务印书馆,1983年,第457页。

革深层"事理"的探讨。

总之,元代史学思想的历史观在经历理学思想的洗礼之后,史学的思想境界和思辨能力提高了,它不仅仅局限于连缀、考证由时间、地点、人物、经过组合的历史事件,而注意在"理"的层次上认识历史,这就大大地增强了这一时期史学的价值和意义。

二、通"变"而达于"数"

通变以合理的思想也是元代历史观中值得人们注意的内容。通变思想是中国史学家和思想家对于思想界的一个突出贡献,"通"是连接、联系和因依,"变"是运动和变化,"通"与"变"两者结合起来成为一个范畴,说明了事物不断变化的基本原则,以及事物从一个方面向另一个方面转化时对立双方互相联系、可以因势利导的条件。通变思想的重要意义在于说明了历史过程运动变化的必然趋势以及人们在变化过程中因势而行、发挥主观能动作用的可能性。《周易》最早提出了中国古代的通变思想,它说:"刚柔相推,变在其中矣。""易,穷则变,变则通,通则久。"它强调变

第三章　元代关于历史盛衰之"理"的思考

的普遍性和通的必要性。《周易》的通变思想在司马迁的《史记》中得到贯彻和发展，元代思想家和史学家在理学认识的基础上，从求理与合理的要求出发，提出了通变以合理的思想，这是对通变史观的发展。

许衡的历史观中就有通变以合理的思想。他在循治乱之迹以求理时，虽然表现出明显的天命史观色彩，但从总的思想认识来看，他并不认为人在历史运动过程中是完全被动和无所作为的，而以为在合理的前提下，人们只要以通变精神行事，是可以发挥历史作用的。他以尧、舜、商汤、周武的历史为例，指出社会历史过程具有规律性和必然性，这便是"数"，所谓"数"其实就是决定事物发展"所以然"和"所当然"之"理"。历史的变动发展是必然规律，是不以人的意志为转移的，就如尧舜不能避免不肖之子，汤武不能避免无道之君一样。然而在历史变动转化的大势下人又不是完全束手无策的，"圣人遇变而通之，亦惟达于自然之数，一毫之己私无与也"[1]。他认为人们可以顺应社会变动的趋势"遇变而通之"，推动社会向着有利

---

[1]　许衡:《鲁斋遗书》卷一《语录上》。

的方向转化。尧舜通过禅让保证了五帝时期盛世的延续，汤武发动对桀纣的讨伐，分别建立了强大的商朝和周朝。许衡在列举历史上遇变而通的事实时，特别强调了通变的依据在"达于自然之数"，也就是说通变不能杂以"一毫之己私"，不是在个人意愿驱使下的盲目行动，而是顺应发展大势的合"理"变革。许衡通变以合理的思想指出了社会历史变化的绝对意义，同时也说明了人们在"理"的规范下顺应潮流及时变革的重要作用。他的历史观不仅是观察历史的思想，而且是思考时代变革的观点，特别是在元朝这样一个民族新组合、社会大变革的时代，这种思想显得尤其可贵。

元代思想家还利用"通变"史观作为他们政治理论的依据，在这一方面，应属郝经发挥得最为淋漓尽致。他在《上宋主陈请归国万言书》这篇洋洋12000字的政论文中调动上起三代、下至南北宋的大量史事，用以说服宋主放弃南北争战以实现"撤天下之藩篱，破天下之畦町，旷然一德"的政治局面。贯穿于《上宋主陈请归国万言书》全文的核心思想便是审势求理的"通变"史观，郝经说：

第三章 元代关于历史盛衰之"理"的思考

夫天下有定理而无定势。圣人驭天下之大柄，本夫理而审夫势，不执于一，不失于一，而唯理是适。是以举而措之，成天下之事业。以天下之至静，御天下之至动，以天下之至常，御天下之至变，以天下之至无为，而为天下之至有为。势莫能定，而理无不定。推理而行，握符持要，以应夫势，天下无不定也。贾谊有言：汤武之定取舍审，而秦王之定取舍不审。审者何？审夫势也；定者何？定夫理也；取舍者何？理势之间也。见夫势必求夫理，轻重可否，不相违决，而后权得而处之。[1]

在这里，郝经提出了"天下有定理而无定势"的命题。理与势的概念早在先秦就出现了，郝经对于"天下有定理而无定势"命题的分析，首先说明了历史过程是不断运动变化的，因此，天下无定势而有动势。其次，他指出"势莫能定，而理无不定"，天下大势

---

[1] 郝经：《郝文忠公陵川文集》卷三十九，明正德二年（1507年）刻本。

虽然变动不羁,分分合合,但是它的运动方向是有内在规定的,这个规定就是理。第三,郝经认为能成就天下大业者,要"本夫理而审夫势",在本理、审势的前提下善于"取舍"。取舍即通变,"取舍者何?理势之间也",这就是说要把握理所规定的势,善于通变,去顺应这个发展的趋势。他列举了汤武、秦王的史实进行比较,说明虽然他们都是以征伐得天下,但是汤武善通变而能治,秦王不善通变,照行暴政,因此运祚不长。郝经用通变以合理的史观说服宋主顺应历史发展大势,不仅从理、势的角度发展了通变史观,他所表达的政治思想也是符合当时的时代要求的。

刘因也曾从理势关系上谈到事物发展的规律,他说:"夫天地之理,生生不息而已矣。""成毁也,代谢也,理势相因而然也。"[1]他强调了天地万物新陈代谢、不断变化的必然规律,并把这种生生不息、存亡成毁归结为"理势相因"的结果。

刘因虽然没有从史学的角度详细论述理势关系及其在历史运动过程中的作用,但是,他在讨论一些具

---

[1] 刘因:《静修先生文集》卷十,《丛书集成初编》本,中华书局,1985年。

第三章　元代关于历史盛衰之"理"的思考

体历史事件时,则反映出他主张通变、顺应历史发展大势、反对逆势而动的思想。比如刘因咏荆轲的三篇诗文,就通过怀古咏史,表达了他这方面的历史观。以《吊荆轲文》一篇为例,刘因在序文中先是对荆轲"豪饮燕市,烈气动天,白虹贯日"的英烈之气深为赞叹,称荆轲"亦一时之奇人也"。然而,在吊辞正文中,他对荆轲刺秦王这一事件本身却是持否定态度的。吊辞曰:"呜乎吾子,将何为哉?此时何时兮,不匿影而逃形。""逞匹夫之暴勇兮,激万乘之雄兵。挟尺八之匕首兮,排九鼎之威灵。死而伤勇兮,虽死何成?呜乎吾子,何其愚也?""子亦何人兮,敢与天仇?"[1] 荆轲重然诺,不惧强暴,慷慨赴死,这种气概实在令人钦佩,也为刘因所惋叹,但是如果将荆轲刺秦一事放在历史长河中来衡量,则不难看出荆轲的行动确实违时逆势。面对战国末年统一大势的滚滚潮流,不管荆轲刺秦是否得手,对于挽救燕国的灭亡都是无济于事的。所以刘因批评荆轲不识时务,"此时何时兮";他认为荆轲所为是"逞匹夫之勇","何其愚也"。愚在

---

[1] 刘因:《静修先生文集》卷二十二。

何处呢？刘因说愚在"敢与天仇"，真是一语中的。这个"天"正是战国末年历史发展的大势，荆轲等人孤注一掷，逆势而动，其结局虽然悲壮，但终究是一场悲剧，这在元代思想家的理性思维中是不能认同的。

元代思想家、史家从合理、求理的角度发展了通变史观，这自然与理学的影响密切相关，但同时也要看到元初激烈动荡的社会巨变，由分裂走向统一的时代潮流对于理学和史学的共同滋养。

三、王道德治的盛衰标准

元代历史观所折射出来的理学色彩还有很突出的一面，就是以是否实行王道德治作为治乱盛衰的历史标准。

王道和德治是儒学古老的命题，早在孔子时就提出"为政以德"的政治构想，主张以道德标准作为政治统治的指导方针。从德治的要求出发，孔孟提倡推行"王道"，以德治国，以仁义治理天下。与王道相反，先秦法家提出了"霸道"的政治模式，即凭借威势，利用权术、刑法来达到统治的目的。王道、霸道

第三章 元代关于历史盛衰之"理"的思考

的对立又与历史上的义、利之争互相联系。王霸和义利问题，在宋代有过激烈争论。北宋二程首先从理的角度说明历史上王道、霸道的分别。南宋朱熹继承二程观点并作了进一步的发挥，他认为三代以理与道治天下，人心合于仁义，因而是盛世，三代以后以法术治天下，人心为利欲所蔽，因而是衰世。当时的陈亮驳斥了朱熹的说法，他指出古今异道，今世不必法古，汉唐并非不如三代，并主张王霸兼用，义利并举。元代学者基本继承了朱熹的王道德治学说，在宋代史学总结"德政"治国、"礼义"兴邦等历史经验的基础上，进一步以王道德治为标准考察历史的盛衰治乱，更为系统地阐述了王道德治对于治世兴邦的实质意义和重要作用。应该看到元代史学思想的王道德治理论并不是对程朱理学的简单继承，它的思考与发展是与元代特定的社会环境有紧密联系的。一方面，它是元初儒臣劝导元朝统治者改变蒙古时期多事武功、残酷杀掠政治方针的理论基础，另一方面，元代王道德治理论在理学领域和史学领域的总结发展，也适应了元朝中期统治者重视"文治"的需要。

元代王道德治的历史盛衰观包含若干内容。首先是从历史考察的角度誉"王"毁"霸"。强调王道德治为治世之坦途，霸道是乱世的祸端。元初大儒许衡就是主张王道，极力批评、排斥霸道的。他曾纵论春秋五霸相争历史，极言王道式微、霸道横行之弊端："世之诋霸者，犹以尚功利为言，殊不知霸者之所为，横斜曲直莫非祸端。先儒谓王道之外无坦途，举皆荆棘；仁义之外无功利，举皆祸殃。"[1]指出只有王道德治才是达到盛世的唯一坦途，除此之外"举皆荆棘""举皆祸端"。他还认为霸道这种政治模式的问题不仅仅是追求功利，而是存在于国家政治中的方方面面，触处皆成祸端，因此单从功利角度去批评霸道是远远不够的。他一方面深责霸道，另一方面则将王道德治抬高到至理至善的地位，他说："唯仁者宜在高位，为政必以德，仁者心之德，谓此理得之于心也。"[2]"诚敬之德是以感人，不用赏赐人，而人自然相劝为善；亦不用嗔怒人，而人自然畏惧，不敢为恶。"[3]按照他的说法，王道德治从感化入手，自可人心咸服，无往不胜了。

---

[1] 许衡:《鲁斋遗书》卷八《子玉请复曹卫》。

[2] 许衡:《鲁斋遗书》卷二《语录下》。

[3] 许衡:《鲁斋遗书》卷五《中庸直解》。

许衡的这些思想成为元代史学从王道德治出发，总结历史盛衰经验的基调。

元中期虞集主持编撰《经世大典》，他秉承朱学的王道思想，从典章制度的兴废沿革，为元朝统治者总结"德治"的历史经验，同时，他也尽力排斥霸道的政治影响，甚至认为"霸代王而淳朴散，利胜义而诈伪生，其来亦久矣"[1]。把历史上民风世俗的败坏都归结于霸道政治模式的侵蚀。元末编修宋、辽、金三史，总裁官欧阳玄在《进宋史表》中也明确表示了"先理崇德"的修史宗旨，在评价王安石变法时，《宋史》甚至不顾王安石新政为社会经济带来生机的历史事实，而全以朱熹崇道德、黜功利的观点来否定王安石变法的成绩，谴责王安石富国强兵之法只图功利，"躁迫强决"，"汲汲以财利兵革为先务"，不合于三代"正其谊不谋其利"之王道[2]。

元代后期著名的史学家苏天爵曾进一步阐述了王

---

[1] 虞集：《经世大典·宪典·诈伪篇序录》，载苏天爵编《元文类》卷四十二，《四部丛刊初编》本，上海书店出版社，1989年。

[2] 脱脱等撰《宋史》卷三百二十七《王安石列传》，中华书局，1977年，第10553页。

道德治的基本要求。他说:"有国家者,欲图安宁长久之计,必崇礼义廉耻之风,敷求硕儒,阐明正学,彰示好恶之公,作新观听之几,使人人知有礼义廉耻之实,不为奔竞侥幸之习,则风俗淳而善类兴,朝廷正而天下治。"[1] 他承袭朱熹的观点,认为三代行王道,"故其政教行于天下,莫不身修而家齐,礼明而乐备"[2];三代以后,治非正儒,王道渐微,汉唐数百年间,尽管也有名臣辅弼,但迷于"权谋功利之说",因此"虽治弗善也"。元代史学根据当时社会崇儒重礼的需要,结合对前期几次失误的理财活动进行反省,从王道德治角度总结历史经验,因而具有某些独立的思想认识。但总的来说仍未摆脱朱熹理学思想的影响,走出所谓"汉唐不如三代"这种历史退化论的误区。

其次,突出"仁政"这一王道德治的核心。元代史臣、儒士针对蒙古统治者在长期征战中对社会生产造成破坏,给人民带来灾难等问题,为了帮助元朝统治者从征战杀掠的武功,转移到施行德治、巩固封建统治秩序的轨道上来,在提出王道德治的治乱标准时

---

[1] 苏天爵:《滋溪文稿》卷八《静修先生刘公墓表》。
[2] 苏天爵:《滋溪文稿》卷五《浑源刘氏传家集序》。

第三章 元代关于历史盛衰之"理"的思考

突出了以"仁政"为核心的思想。元初大儒许衡首先借用《易大传》的内容提出了"元"即"仁"的观点。《周易·乾卦·文言》在解释卦辞"元亨利贞"四字时有这么一段话:

> 元者,善之长也。亨者,嘉之会也。利者,义之和也。贞者,事之干也。君子体仁足以长人,嘉会足以合礼,利物足以合义,贞固足以干事。君子行此四德者,故曰:乾,元亨利贞。[1]

这段文字的主要意思是说"元亨利贞"代表着"仁礼义正"四德,君子能行四德便可大吉。许衡巧妙地抓住了"元"与"仁"相配并称的关节点,用以阐述行仁政便得治世的思想。他说:"仁为四德之长,元者善之长。前人训元为广大,直是有理。心胸不广大,安能爱敬?安能教思无穷,容保民无疆?仁与元俱包四德,而俱列并称,所谓合之不浑,离之不散。元者四德之长,故兼亨、利、贞;仁者五常之长,故兼

---

[1] 《周易·乾卦·文言》,阮元校刻《十三经注疏》,中华书局,1980年,第13页。

义、礼、智、信。"[1]应该看到,许衡煞费苦心地寻绎经典,反反复复强调"仁"与"元"的密切关系,绝非一般的解经说义,而是意在暗喻元朝仁政是早在圣贤经典中就有了定数的。当然许衡没有停留在引经据典的说教,他又从历史总结的角度,多方阐明了为君治国推行"仁政"的重要。他说:"孔子道:'一家仁,一国仁。'如尧帝、舜帝行仁,天下皆行仁,桀王、纣王不行仁德,政事暴虐,待教天下行仁,百姓每怎生行得仁?"[2]不仅五帝三代时如此,秦汉的历史亦然,"秦楚残暴,故天下叛之,汉政宽仁,故天下归之"[3]。许衡提倡以"仁政"为王道德治之本,对于元朝稳定统治秩序,推动多民族统一国家向前发展具有重要意义。因此苏天爵说:"昔我世祖皇帝既定天下,淳崇文化……而文正(许衡)之有功于圣世,盖有所不可及焉。"[4]

继许衡之后,元代又有史臣不断从历史经验中总

---

[1] 许衡:《鲁斋遗书》卷一《语录上》。
[2] 许衡:《鲁斋遗书》卷三《大学要略》。
[3] 许衡:《鲁斋遗书》卷七《时务五事》。
[4] 苏天爵:《滋溪文稿》卷五《伊洛渊源录序》。

结"仁政"治世的作用，比如虞集在他主编的《经世大典》各篇序录中就突出表达了他的仁政思想，尤其在《宪典》各篇序录中有比较集中的体现。《大恶篇序录》就说：

> 天地之道，至仁而已。国以仁固，家以仁和。故国不仁则君臣疑，家不仁则父子离。父子离，无所不至矣；君臣疑，亦无所不至矣。[1]

他把"仁"作为天地之道，治家治国之本，并指出不守仁义之道可能产生的恶果。守仁义之道就是实行王道，因而它的政治措施与霸道有根本的区别。《宪典》各篇序录特别重视这种区别，指出在德治国家里，刑法只是仁政之余一种不得已的辅助手段，"古者圣人，以礼防民，制刑以辅其不及"[2]；"教化不

---

[1] 虞集：《经世大典·宪典·大恶篇序录》，载苏天爵编《元文类》卷四十二，《四部丛刊初编》本。
[2] 虞集：《经世大典·宪典·奸非篇序录》，载苏天爵编《元文类》卷四十二，《四部丛刊初编》本。

足然后制以刑，而非得以也"[1]。《宪典》虽然也记诉讼刑狱等制度，但他们真正期望的是以王道仁政达到"无讼""无刑""空狱"的局面。元修三史也常常通过史事和论赞强调仁政在治世中的重要作用，比如《辽史》就用最多的篇幅来记述圣宗朝的仁政，《圣宗本纪》概括了辽圣宗在位49年，"理冤滞，举才行，察贪残，抑奢膺"，勤政勉力的业绩，说明了施行仁政是圣宗能为辽国"维持二百余年之基"的根本原因。《金史》记载金世宗的"大定之治"关键在于"以仁易暴，休息斯民"。《宋史》中也对宋仁宗"恭俭仁恕"，审定死狱"岁常活千余"的仁政大加褒扬，赞曰："忠厚之政，有以培壅宋三百余年之基。""'为人君，止于仁。'帝诚无愧焉。"[2]由此观之，三史以仁政为治、暴政为乱的价值标准是很明确的。同时也应当看到三史中有不少内容能够结合历史事实，总结仁政与暴政的成败之因，具有较强说

---

[1] 虞集:《经世大典·宪典·户婚篇序录》，载苏天爵编《元文类》卷四十二，《四部丛刊初编》本。
[2] 脱脱等撰《宋史》卷十二《仁宗本纪四》，中华书局，1977年，第251页。

服力,这是与那些泛泛而论、脱离实际的王道德治说教绝不相同的。

再次,强调伦理纲常是决定历史盛衰的基础。儒家的纲常名分思想是王道德治理论的根基,宋元理学把这种纲常名分的等级秩序上升为天定的自然秩序,是"不易之理"。许衡说:"天尊地卑,乾坤定矣,贵贱位矣。在上者必尊之,然后事可得而理。为君长,敬天地、祖宗、鬼神;为百执事,敬事君长,此不易之理也。舍此便逆,便不顺。"[1]他强调上尊下卑的关系是一种不可改变的理的规定,违反这种规定就会出现逆乱。为了更详尽地说明纲常名分对历史盛衰的决定作用,他还说:

> 自古及今,天下国家惟有三纲五常,君知君道,臣知臣道,则君臣各得其所矣。父知父道,子知子道,则父子各得其所矣。夫知夫道,妇知妇道,则夫妇各得其所矣。三者既正,则他事皆可为之。此或未正,则其变故有不可测知者,又

---

[1]　许衡:《鲁斋遗书》卷二《语录下》。

奚暇他为也。[1]

许衡总括古今历史，论证只有三纲五常正才可为国为政，否则"其变故有不可测知者"，更何谈有治世安邦了。许衡的观点颇具代表性，元中期的虞集对此也有类似的阐释，他归纳《春秋》经传所述史实说："《春秋》道名分，实尽性之书也。分上下不辨，则民志不定，乱之所由生也。必君君臣臣、父父子子、夫夫妇妇之分定，则王道行矣。"[2]他把维护三纲五常的名分等级看成是推行王道的基本保证，只有尊卑上下之位分辨清楚，各行其常，王道才能实行，天下才能得治，否则民志不定，便会生乱。元末三史的编撰思想中也特别注意突出纲常名分在历史盛衰中所起的重要作用，认为"贵贱为而后君臣之分定，君臣之分定而后天地和，天地和而后万化成"[3]。因而纲常名分之立为"天地圣贤之心，国家安危之机，治

---

[1] 许衡：《鲁斋遗书》卷一《语录上》。
[2] 虞集：《道园学古录》卷三十一《送饶则明序》，《文渊阁四库全书》第 1207 册，台湾商务印书馆，1983 年，第 456 页。
[3] 脱脱等撰《辽史》卷一百一十二《逆臣上》，中华书局，1974 年，第 1497 页。

第三章 元代关于历史盛衰之"理"的思考

乱之原也"[1]。为了"扶纲常，遏乱略"，三史分别用大量的篇幅设立《忠义传》《逆臣传》《叛臣传》和《奸臣传》，强调"天尊地卑""贵贱位矣""君臣之分定"，以纲常伦理、君臣大义等道德价值为标准，褒贬善恶，以为治乱兴衰之戒。他们判断历史盛衰的标准是看王道是否实行，而王道之行关键又在于纲常能否确立，于是这便形成了天理纲常支配历史盛衰的逻辑关系。

元代史学在总结王道德治盛衰标准时，一方面通过强调"仁政"，肯定了历史上施行仁政的一些积极措施，揭露了封建制度一些不仁的弊端，这不仅有助于从历史观上逐步认识社会盛衰治乱的原因，也为元朝政治向好的方面转化提供了有益的借鉴。但是，在强调王道德治历史意义的同时，依然未能走出理学社会观中"三代胜于汉唐"的思想误区，在强调德治仁政和人的历史作用的同时，却又常常偏离历史实际，陷入理学以道德评判标准衡量一切社会问题的错误逻辑关系，最终得出天理纲常支配历史盛衰的唯心结论。

---

[1] 脱脱等撰《辽史》卷一百一十《奸臣上》，中华书局，1974年，第1483页。

总的来说，理学的思想认识水平为元代史家对历史的理性思辨提供了哲学依据，使之在考察以往历史过程时，能够在一个较高的价值层面展开思考和分析，探求历史盛衰的原因。当然理学的"天命论"、三纲五常思想和后世不如"三代"的观念对史学也产生了一些消极的影响。但是元代史学毕竟有自己的客观认识对象和内在的发展规律，因而理学对史学的渗透没有使元代史学成为理学的附庸。

第四章　元代汉儒民族思想的发展进步

元朝多民族国家的统一使中华各民族之间的关系进一步密切，加深了各民族对中国这一大家庭的主人翁感情，从而使"天下一家"的观念不断增强。民族思想是中国古代史学思想的重要内容之一，本章将考察、分析元代汉儒民族思想的发展变化，说明此期不断进步的民族思想在总结多民族共同发展历史，促进不同民族文化融合，推动多民族统一国家进步等方面所发挥的作用。

一、理学思想中的"夷夏之辨"

宋末元初，战乱中的颠沛流离和蒙元军队的残酷杀戮对汉族士人造成了肉体和精神的伤害，元朝统治的民族歧视和经济盘剥则进一步加剧了汉族士人特别是南士的不满，这必然引起社会各阶层思念故国和反抗民族压迫的情绪。于是，不少学者便在他们的著作中流露故国思绪，表达反对民族压迫的思想，其中最突出的史著是胡三省的《通鉴音注》[1]。还有一些学者在他们的史著或文集、笔记中，或通过碑铭行状表彰亡金、亡宋军民忠孝气节，揭露蒙元军队的杀掠行径，或通过咏史诗词流露对故国的思念和对人民悲惨遭遇的同情。这种要求民族平等、反对民族奴役的思想感情，也是元代进步民族观念的有机组成部分。此外，一些汉儒为表达他们不满的民族情绪，利用儒学的"夷夏之辨"观念，从封建统绪上否定元朝的统治。这种脱离实际的思想和倾向，是需要作区别分析和评判的。

元代汉儒主要通过研讨朱熹《通鉴纲目》的书法旨意，来阐发"夷夏之辨"思想。"夷夏之辨"是儒家传统思想中一种强调华夏与少数民族之间的区别，重中原华夏而轻视周边少数民族的观念。朱熹《通鉴纲

---

[1] 参见陈垣《通鉴胡注表微·重印后记》，科学出版社，1958年。

目》正是以"尊王攘夷"作为理论基础,来宣扬封建正统论和纲常伦理的。从义理出发,《通鉴纲目》将偏居江南的东晋定为正统,而以少数民族的十六国和北魏为僭国。由此可见,在王朝统纪问题上,《通鉴纲目》排斥、贬低少数民族政权的"夷夏之辨"观念是很鲜明的。

随着理学的传播,也由于朱熹《通鉴纲目》的思想适应了元代儒士的民族抵触情绪,元代士人对《通鉴纲目》表现出极大的兴趣,他们或参校注释,或阐发考订,兴起了一股研究《通鉴纲目》的热潮。当时出现的有关著述有何中的《通鉴纲目测海》三卷,尹起莘的《通鉴纲目发明》五十九卷,王幼学的《通鉴纲目集览》五十九卷,刘友益的《通鉴纲目书法》五十九卷,徐昭文的《通鉴纲目考证》五十九卷,汪克宽的《通鉴纲目考异》一卷,金居敬的《通鉴纲目凡例考异》一卷,吴迂的《重定纲目》一卷,等等[1]。这些著述的内容大致可分为三类,一是疏通《纲目》的意旨,如尹书、刘书;二是笺释《纲目》中所涉名物,如王书、徐

---

[1] 钱大昕:《补元史艺文志》卷二,载《嘉定钱大昕全集》第5册,江苏古籍出版社,1997年,第26页。

书；三是辨证传写差异，包括《纲目》凡例和正文之间的差异，如汪书、金书、何书等。它们推波助澜，大力阐发《纲目》的义理，以至于"世之言《纲目》者，亦无虑数十家"[1]。明代弘治年间，黄仲昭取刘友益、尹起莘、汪克宽、王幼学、徐昭文等书及明人有关著述散入《纲目》各条之下，于是以上各书单行本多不传世。

从以上各书的有关内容和序文中，可以看出元代《纲目》研究诸家的思想大旨。首先，元代的《纲目》研究极力推崇《通鉴纲目》在理学上的重要地位。他们不仅认为《纲目》是对《通鉴》的改正，而且把朱熹的《纲目》与孔子的《春秋》相比，以为《纲目》之作"殆亦有得于《春秋》之旨，皆所以遏人欲于横流，存天理于既泯"，实有"大经大法"之效，不可"徒以史学视之"[2]。其次，元代《纲目》研究的作者，有不少是南宋遗民，他们研治《纲目》书法义例，往往重在倡

---

[1] 揭傒斯：《揭文安公文粹》卷七《通鉴纲目书法序》，《丛书集成初编》本，商务印书馆，1936年。
[2] 尹起莘：《资治通鉴纲目发明序》，载朱熹《资治通鉴纲目·卷首下》，《文渊阁四库全书》第689册，台湾商务印书馆，1983年，第31页。

第四章　元代汉儒民族思想的发展进步

揭发挥朱熹的"正统"理论和"夷夏之辨"思想，意在为南宋争正统，寄托亡国哀思和对异族统治的不满。史学家揭傒斯在给《通鉴纲目书法》作序时说，作者刘友益"遭宋讫箓，闭门读书。其为此书凡三十年，寸寸而校，铢铢而积，微辞隐义，高见特识，既足以启发千载，而中有无穷之忧"[1]。这段话不仅意味深长，而且颇具代表性，"无穷之忧"者忧南宋"讫箓"、异族统治；而阐发"微辞隐义"的"高见特识"就有重夏轻夷的思想在内，这一点尤为突出地反映在东晋和十六国北朝史事的发凡上。揭傒斯在《通鉴纲目书法序》中指出《纲目》书法的要点在"正百王之统"，他举了两个正统的例子，一是曹魏不能夺蜀汉之正统，一是"元魏据有中国行政施化，卒不能绝区区江左之晋而继之"，他以为这就是"《书法》不得不为《纲目》而发"的要旨。与刘友益同时的尹起莘在他的《通鉴纲目发明》自序中也把"贵中国而贱夷狄"作为发明

---

[1] 揭傒斯：《揭文安公文粹》卷七《通鉴纲目书法序》，《丛书集成初编》本，商务印书馆，1936年。

《纲目》的大义。[1]《发明》《书法》二书历来被认为"最为谨严精当，深能有得于朱子之志者"。因而他们阐发《纲目》的重点，较能反映元代《纲目》研究比附理学观点、片面强调"夷夏之辨"正统观的思想倾向。

元代士人根据《通鉴纲目》的书法义例而修史的也有不少，其中以蜀汉为正统，改修《三国志》者有数家，如郝经《续后汉书》九十卷，赵居信《蜀汉本末》三卷，张枢《刊定三国志》六十五卷，《续后汉书》七十三卷及胡氏《季汉正义》[2]。另有一些专意突出"夷夏之辨""重夏轻夷"思想的史学著作，如台州临海人朱右撰写的《历代统纪要览》，以朱熹据义理、明正统这一"千万世之准的"，以朱熹正统观和"夷夏之辨"区分历代的"正统"和"杂统"，将辽、金归入"不得正统者"。在当时影响最大、流传甚广的是元末陈桱撰著的《通鉴续编》二十四卷。陈桱出身于史学世家，其祖父陈著在宋亡之后，不承认元朝政权，隐居

---

[1] 尹起莘:《资治通鉴纲目发明序》，载朱熹《资治通鉴纲目·卷首下》，《文渊阁四库全书》第689册，台湾商务印书馆，1983年，第31页。

[2] 三书已佚，分见《元史·隐逸志》、《千顷堂书目》、林景熙《霁雪集》卷五《季汉正义序》。

句章山中，撰写起自三皇迄于南宋的历史蒙求读物《历代纪统》。他秉承"朱子所以为《纲目》之书"的正统观，表正王朝统纪，以蜀汉、东晋、南宋，为"天统所在"。著之子陈泌曾任校官，他承接家学，为《历代纪统》作注。《纲目》正统之学为陈家三世之学，著之孙陈桱所撰《通鉴续编》不仅体例上仿照《纲目》，而且将《纲目》的"夷夏之辨"正统观贯彻到宋辽金三朝。他在记辽夏史事时，明确规定"契丹建国而系于梁唐晋汉周，尊华夏也"。实际上，五代后晋石敬瑭认辽主为父，甘当儿皇帝，但陈桱为了"尊华夏"，却仍把辽国年号系于五代各朝年号之下。《纲目》记五代史事还是以干支纪年，而在这一点上，陈桱的"重夏轻夷"可以说比《纲目》走得更远。在宋辽金的正统问题上陈桱规定，"辽年系于宋统之下，尊无二也"，"金承辽故例，同也"，甚至在元朝建立之后，仍系年号于宋统之下，曰"元灭金、夏有中国，而反系于宋，明天命之未绝也"[1]。如此等等，皆可见《通鉴续编》"夷夏之辨"及"重夏轻夷"的思想倾向。元朝民族压迫和民族歧视是客

---

[1] 陈桱:《通鉴续编》卷首《书例》,《文渊阁四库全书》第332册，台湾商务印书馆，1983年，第438、439页。

观存在的，因而元代社会各阶层出现一些故国思绪和反对民族奴役的思想是正常的和正当的。然而有的汉儒借用理学的"夷夏之辨"观，推演封建统纪，以强调"贵中国"而"轻夷狄"，实际上是将民族平等的要求转向反面，成为另一种民族不平等的观念，这不仅不符合历史客观实际，对于多民族统一国家的发展也是不利的。

二、"夷夏"变化：政治上民族思想的发展

金元、宋元之际，士民饱受战火荼毒之苦，因此，尽管有故国情思和对异族统治的反感，然而，期待尽早"息兵戈、致太平"仍是当时社会人心强烈的愿望。在南北亡国遗士中有相当数量的汉儒从儒家救世济民的精神出发，慨然以"顿百万之锋锐，存亿兆之性命，合三光五岳之气，一四分五裂之心"[1]为己任，放弃了"严华夷之防"、与蒙元激烈对抗的旧规，走上与元廷合作的道路。他们为了实现既定的政治抱负，维系儒

---

[1] 郝经：《郝文忠公陵川文集》卷三十七《与宋国两淮制置使书》，明正德二年（1507年）刻本。

第四章 元代汉儒民族思想的发展进步

家的礼乐文明,在夷夏关系变化历史思考的基础上,提出了"行中国之道,则中国之主"的进步民族史观,为蒙元统治者总结了一整套"行汉法"的历史经验,为推进不同民族文化的融合,推进元朝多民族统一国家的发展发挥了积极的作用。

1."行中国之道,则中国之主"的历史总结。元初儒生出仕为蒙元统治者服信,首先要从理论上论证蒙元统治的合理性,解决与蒙元统治者合作的可行性问题。郝经提出了"今日能用士而能行中国之道,则中国之主"[1]的重要主张,成为元初汉儒系统解决这一理论问题的代表人物。由于郝经所生活的北方地区,从辽朝算起已有近三百年不是汉族封建王朝的统治区,从金朝算起也有一百余年时间不是汉族皇帝当家了,长期生活的社会背景提供给郝经等一批汉儒客观认识民族关系的现实基础,对于辽金历史的认识,也使他们较容易突破"夷夏之辨"的观念,从而提出较为符合客观实际的政治原则和民族史观。

"行中国之道,则中国之主"的原则关键在于冲

---

[1] 郝经:《郝文忠公陵川文集》卷三十七《与宋国两淮制置使书》。

破了狭隘民族观"严夷夏之大防"的藩篱,解决了中国之主不一定非得是汉族的问题。郝经指出,"天无必与,唯善是与;民无必从,唯德是从","天之所与,不在于地而在于人,不在于人而在于道"[1]。他认为,天意民心所向,唯德唯善;能够主宰中国之土的人是什么种族并不重要,关键要看他们是否行"中国之道"。他的"中国之道"自然是指儒家之道,儒家的道德纲纪和文物典章乃是天下元气和命脉之所在,"夫纪纲礼义者,天下之元气也;文物典章者,天下之命脉也。非是则天下之器不能安,小废则小坏,大废则大坏;小为之修完则小康,大为之修完则太平"。辽金之亡、南宋的衰败自然是没有修完纲常礼义,光大典章文物,那么"中国既而亡矣,必中国之人善治哉?圣人有云,夷而进于中国,则中国之,苟有善者,与之可也,从之可也"[2]。郝经强调了夷夏的变化,他认为中国之主不一定非是"中国之人",只要能行德治善政,就是所谓的"夷狄",民亦可与之从之。至于"圣人"所云,则指夷夏变化思想是来自《公羊传》,而非他凭

---

[1] 郝经:《郝文忠公陵川文集》卷十九《时务》。
[2] 郝经:《郝文忠公陵川文集》卷三十二《立政议》。

空捏造的。

《公羊传》的民族观发展了先秦的"夷夏"思想,一方面它继承了孟子重"夏"轻"夷"的观念,强调"尊王攘夷",提出了"内诸夏而外夷狄"的主张。另一方面《公羊传》的华夷观又有积极的因素,它提出以是否遵循儒家的礼义文明为标准,而不是以种族来区分"华夷",它认为华夏不守礼义可以变为"新夷狄",而"夷狄"知礼义可以成诸夏。郝经抓住《公羊传》以礼义文明判"夷夏"变化的思想精髓,将其概括为"夷而进于中国则中国之"的古训,提出了"行中国之道,则中国之主"的原则,为承认蒙元政权的合法性找到了理论依据,在思想上和心理上为蒙汉统治阶级的政治合作开辟了道路。

郝经不仅注意发掘《公羊传》民族史观的积极因素,而且注意从历史上总结"行中国之道,则中国之主"的成功范例。他从中国历史上第一次民族组合的魏晋南北朝谈起,以为十六国时前秦虽然是由氐族建立的政权,但是以苻坚为首的氐族统治集团,在汉族士人王猛的帮助下"行中国之道","故苻秦三十年而天下称治"[1]。他又提到北魏,认为北魏孝文帝的功绩虽然不及西周的文王、武王和汉代的高祖、光武,但魏孝文作为一个鲜卑皇帝,能够"进退以礼""卒全龙德",是"用夏变夷之贤主"[2]。郝经对于他所熟悉的金朝更是给予了充分的肯定,他回顾金朝发迹的历史,认为金朝能从一个部曲数百人的"东北小夷"发展出与唐汉比隆的"灿灿一代之典",主要原因在于"用夏变夷"和"一用辽宋制度"[3]。郝经为蒙元统治者总结历史上少数民族在中原成功统治的先例,无疑是要求蒙元统治者仿效苻秦、元魏、金"行中国之道"的作法,成为贤明之主。

2."行汉法"历史经验的提倡。"行汉法"的内容和范围非常广泛,在确认了与蒙古统治者合作的思想以后,当时汉儒生从各个角度提出了行汉法的要求。比如"自古一统天下之主,必尊孔氏而隆儒术也"[4]。这是强调"行汉法"首先要以儒家学说作为指导思想。

---

[1] 郝经:《郝文忠公陵川文集》卷十九《时务》。

[2] 郝经:《郝文忠公陵川文集》卷三十二《班师议》。

[3] 郝经:《郝文忠公陵川文集》卷三十《删注刑统赋序》。

[4] 舒岳祥:《阆风集》卷十一《宁海县学记》,《文渊阁四库全书》第1187册,台湾商务印书馆,1983年,第437页。

又如徐世隆说"陛下帝中国,当行中国事"[1]。他向元世祖建议仿效中原汉法,建立祭祀等礼仪制度及百官制度。刘秉忠则以汉代陆贾"以马上取天下,不可以马上治"的名言劝说忽必烈励行文治以成大治。郝经也早在中统元年(1260年)就提出了"登新茂异,举用老成,缘饰以文,附会汉法"[2]。然而"行汉法"的重要意义究竟是什么?汉法的各项要求又有什么具体内容和历史借鉴?应该说,是许衡在这些方面作了最为详细的分析和阐述。

许衡为元初名儒,他从中统之前就追随忽必烈,后因王文统等的排挤,曾几进几退,但他对当时的政治形势一直有深入的思考和分析,对蒙汉之间的民族关系也有比较正确的看法。他以同父母兄弟间的争吵为喻批评民族间的分裂、隔阂。他说:"元者善之长也,先儒训之为大,徐思之,意味深长。盖不大则藩篱窘束,一膜之外,使为胡越,其乖隔分事,无有已时,何者?所谓善大,则天下一家,一视同仁,无所往而不为善

---

[1] 宋濂:《元史》卷一百六十《徐世隆传》,中华书局,1976年,第3769页。
[2] 郝经:《郝文忠公陵川文集》卷三十二《立政议》。

也。二小儿同父母兄弟也，或因小事物相恶骂，即咒其爷娘令死，不知彼父母亦我父母也。"[1]这里从"至元"或"元朝"的"元"入手训释引申，表达了不分胡越、民族团结、天下一家、一视同仁之义，浅显明了而蕴意深刻。许衡正是在"天下一家""一视同仁"等民族平等的思想基础上，决意辅助崇礼好儒的忽必烈，积极推行"汉法"的。当忽必烈第四次召见他时，许衡经过深思熟虑，在《时事五事》这一长篇奏疏中引古证今，论述了"行汉法"的必要性和重要意义。首先，许衡认为元朝土宇辽阔，民各有俗，孰优孰劣，实难论定，这是从平等的眼光来看待民族风俗的差异。但是如果从政治制度来讲，即"奄有中夏，必行汉法"，为什么呢？他以历史事实为证。指出北魏、辽、金等朝能用汉法。于是"历年最多"，相反，不用汉法者"皆乱亡相继"。接着，许衡又从一般事理深入浅出地说明行汉法的必要性。他指出，蒙古贵族远在漠北时，自可不用汉法，但如今"奄有中夏"，就不能用原来统治蒙古部落的方法来统治中原汉族的广大地区了。其

---

[1] 许衡:《鲁斋遗书》卷二《语录下》。

中道理就如陆路靠车、水路靠舟、北食凉性、南食热性一样，适者能行、适者生存，如果违反事理，不仅行不通，而且可能出现"变异"和动乱。

当然，许衡也充分注意到不同民族文化之间的磨合需要一个过程。事实上，"汉法"的推行是遇到极大阻力的，守旧的蒙古贵族总是念念不忘"旧章"，他们反对儒术，"屡毁汉法"。如何对待这些困难呢？许衡以"寒之变暑"为例，认为事物的变化总是一个由量变到质变的渐进过程。因此，他要求蒙古统治者在"行汉法"的过程中，要有"渐之摩之，待以岁月，必坚而确"的态度，坚持不懈，以达其成。按照他的考察，"以北方之俗改用中国之法，非三十年不可成功"，然而，只要"笃信而坚守之"，则"致治之功，庶几可也"[1]。许衡主张采取长期的、渐进的方式来施行"汉法"，是符合当时实际情况的，是对于不同民族间文化交融过程的客观总结。

概言之，"行中国之道则中国之主"和"行汉法"的主张，反映了元代汉儒民族观的不断进步，说明这

---

[1] 许衡：《鲁斋遗书》卷七《时务五事》。

一时期的政治家和思想家能以务实的态度，通过总结历史经验，为化解民族矛盾、促进民族合作找到了比较合适的途径。

三、各为正统：史学上民族思想的进步

元代汉儒民族思想的发展变化还有一条重要线索，便是自始至终贯穿于辽、金、宋三史何为"正统"的辩论之中。

元朝修撰前代史的准备和设想早在忽必烈即位之前就开始了，忽必烈以后，仁宗、英宗、文宗时又先后有诏令修辽、金、宋三史。在元末撰成辽、金、宋三史以前，元廷至少有七次议及三史的修撰，但是却没有结果，其主要原因就是三史何为正统的问题得不到彻底的解决。由于三史何为正统的问题关系到元朝继谁之统的政治现实，王朝统纪之别又与民族观念互相交织，因而元修三史的正统之辩必然引起广泛的讨论。

传统的、坚持"夷夏之辨"的正统观在三史正统之辩中曾经有过较大的影响，这种正统观的理论依据

第四章 元代汉儒民族思想的发展进步

来自朱熹的《通鉴纲目》。元代的《通鉴纲目》研究也与正统观讨论密切相关，他们名义上为蜀汉、东晋争正统，实质是为南宋争正统，而贬辽金为偏闰。因而在讨论三史体例时以南宋为正统的意见是不少的，他们大都主张三史编修取法《晋书》，南北宋如东西晋一样为正统，而辽金则如十六国入载记。通过陶宗仪《辍耕录》、贝琼《清江贝先生文集》的转引得以留存的杨维祯《正统辩》，是三史体例讨论中主"夷夏之辨"正统观的代表作，这份准备呈送给皇帝的奏表，主要阐述了以南宋为正统，摒辽金为边夷的思想。强调"夷夏之辨"的正统观虽然倡议者颇多，但元廷却难以认同，因为蒙元和辽金一样，在当时同属外族，如果辽金被视为边夷、僭伪，那么蒙元岂不也要被归入"荒夷非统"之列，这自然是元廷非常反感的。但是另一方面，元朝统治者也不能轻易否定元接宋朝正统的主张，接受汉法的元朝统治者，又希望把元朝纳入中原政权的更迭体系，从政治上和文化传统上进一步巩固元朝的统治地位。正是由于元廷这种矛盾的态度，使得正统论问题迟迟不能解决，三史的编修数十年间"未见成绩"。

然而，随着元代社会的发展，在正统论争辩中，一些代表进步民族思想的新观念正在逐步兴起。早在金末元初时,杨奂《正统书》的《正统八例总序》[1]就曾跨越夷夏之防,将南北朝时期的正统定"与"北魏孝文帝,他认为刘宋荒淫无道,不行中国之礼,故失统绪,而鲜卑元魏在孝文帝时推行汉法,奉儒家之王道,因而为中国之正统。杨奂的观点在元代正统论争辩中具有积极的思想意义。元修三史时的正统之辩,也出现反对单以宋朝为正统的意见。当时最为突出的一种观点主张仿效《北史》《南史》,分修辽金、北宋、南宋各史。这一派的代表人物为修端,他在《辨辽金宋正统》一文中,摒弃了"天理""人心"等理学思想的束缚,以辽金宋三朝各自的历史发展事实为据,提出了较为公平的见解。首先,他认为辽灭后晋,立国比北宋早五十余年,从某种意义上讲可说是继承了后晋之统纪;此外在实力上辽强于北宋,所以辽和宋的地位至少是平等的。至于金朝,修端以为"金太祖举兵灭辽克宋,奄有中原三分之二,子孙帝王,坐受四方朝贡,百有余年",而"宋自靖康以来,称臣侄,走玉帛,岁时朝贡,

---

[1] 杨奂:《还山遗稿》卷上,《文渊阁四库全书》第1198册,台湾商务印书馆,1983年,第228至231页。

几于百年"[1]，如以南宋为正统，以金为偏闰实不合理。最后，修端提出了以辽金为《北史》，北宋为《宋史》，南宋为《南宋史》的三史编修体例。

修端的观点是汉族士大夫中较早提出平等对待辽、金、宋三朝地位的意见，符合了当时少数民族相继建立大一统政权，正统观念逐步朝着华夷如一的方向发展的趋势。他关于辽、金为北史，北宋为宋史，南宋为南宋史的三史体例，实质上提出了三史平等、各为统纪的主张，为三史义例的最后决定提供了重要的参考价值。据《续资治通鉴》记载，直到元顺帝至正三年（1343年）诏修三史时，"又有待制王理者，著《三史正统论》，欲以辽、金为北史，建隆至靖康为宋史，建炎以后为南宋史"[2]。可见王理关于三史修撰的体例，完全是秉承了修端的意见。在元代三史正统之辩论中，还有另外一种不同的意见，这就是王祎所主张的"绝统说"。他的看法是，宋南渡后，统绪已绝，所以元既不是承接辽、金，也不是承接南宋，而是合三国而

---

[1] 修端：《辨辽金宋正统》，收入苏天爵编《元文类》卷四十五，《四部丛刊初编》本。
[2] 毕沅：《续资治通鉴》卷二百零八，中华书局，1957年，第5675页。

承之，复正其统。如此说来，辽、金、南宋各不得正统，也就都处在一个平等的地位上了。王祎的观点从另一方面为三史义例的裁定提供了参考价值。

元修三史关于正统问题的议论及三史义例的确定在元代后期取得了转折性的进展。正统之辩中出现的一些新观念正被越来越多的人所接受，特别是一些具有较强理学倾向的学者也能开始正视宋金以来多民族共同发展的事实，对于三史撰修提出了较为符合实际的体例和方法。例如生活在元代中后期的汉儒虞集，不仅大力搜集有关三史的文献资料，而且对于三史体例有独到的见解。他在《道园学古录》卷三十二《送墨庄刘叔熙远游序》中说：

> 天历、至顺之间，屡诏史馆趣为之，而予别领书局，未奏，故未及承命。间与同列议三史之不得成，盖互以分合论正统，莫克有定。今当三家各为书，各尽其言而核实之，使其事不废可也。乃若议论，则以俟来者，诸公颇以为然。[1]

---

[1] 虞集：《道园学古录》卷三十二《送墨庄刘叔熙远游序》，《文渊阁四库全书》第1207册，台湾商务印书馆，1983年，第462页。

所谓天历、至顺间"予别领书局",当指他领修《经世大典》事,元文宗屡诏修三史,终因正统之辩而莫克有成。虞集以史家务实的眼光,冲破理学思想中"夷夏之防"观念的局限,率先提出辽、金、宋"三家各为书,各尽其言"的编修体例。三史各为书的体例虽看似权宜之计,但在客观上则承认了三朝并立的历史实际,表达了对宋、辽、金平等看待的原则,这确实是一个创举,故得到"同列诸公"的支持。"三家各为书"的体例,实为后来脱脱以三史"各与正统"之先声,因而虞集为元修三史的贡献是值得表彰的。

元朝末年,阶级矛盾日趋尖锐,为了总结前代"治乱兴亡之由",以维护元朝的持续统治,元顺帝于至正三年(1343年)三月二十八日颁布《修三史诏》,命令"分史置局",完成辽、金、宋三朝史书。被任命为三史都总裁官的脱脱汲取了元初以来修端、王理、王祎等人关于正统问题的进步观念,仿照虞集关于三史体例的设想,提出了三史各为正统的正确主张。史载:

> 先是诸儒论三国正统,久不决,至是脱脱独

断曰:"三国各与正统,各系其年号。"议者遂息。[1]

脱脱关于三史"各与正统""各系年号"的决定,不仅平息了三史正统之争长时间无休止的论辩,解决了三史体例的根本问题,而且确立了平等对待辽、金、宋三国历史,平等对待不同民族政权历史地位的基本原则。这在中国古代史学史上具有重要的意义:第一,辽、金、宋各与正统的原则客观反映了我国历史在公元10世纪以来,北方少数民族迅速崛起,政治、经济、文化水平不断提高,大江南北多民族共同发展,推进社会进步的历史事实。第二,辽、金、宋各与正统的原则总结了元代民族思想的积极成果,反映了元代逐步形成的、平等对待各民族历史的进步史观。三史"各与正统"虽然仍未能跳出正统论的框架,但是它冲破了传统正统论的"夷夏之辨",是对陈旧的正统论的否定,因而其实际意义已超出正统论之外,成为元代民族史观不断发展进步的重要体现。第三,三史各与正统,独立修撰,有利于加强对少数民族历史的记载,

---

[1] 权衡:《庚申外史》卷上,收入王云五主编《丛书集成初编》,商务印书馆,1936年。

第四章　元代汉儒民族思想的发展进步

为后世了解这一时期多民族发展历史的全貌发挥了作用，为后世民族史的编撰提供了借鉴。尤其是《辽史》《金史》更是为我们了解这一时期少数民族的历史提供了丰富的史料根据。

元代民族思想是元代社会存在的反映。元朝多民族统一国家的建立，各民族多元文化的融合，以及元朝统治者对于以儒家为代表的中原"汉法"的逐步重视和接受，使得此期汉儒能以务实的态度看待各民族的历史地位和关系，从而引起民族观念的发展和变化。原来强烈的故国思绪和《通鉴纲目》讨论中的"夷夏之辨"观念逐步淡化，相反，主张"行中国之道则中国之主"、承认元朝统治，总结"行汉法"历史经验的思想被日益提倡和接受。最后，在夷夏观、正统观的论辩中，积极的、进步的民族思想冲破了"夷夏之防"，在辽、金、宋三史编撰的体例上摒弃了以往的偏狭观念，确立了三史"各与正统"的原则，从而保证了三史对各民族历史的丰富记载。元代汉儒进步的民族思想，不仅当时对促进民族交融和国家进步发挥了作用，也为后世民族观念的积极发展奠定了基础。

第五章　元朝的开放意识与域外史研究

13世纪蒙古兴起，成吉思汗和他的后继者建立了历史上规模空前的大帝国，开创了中西交通的新时代。元代中西交通的通道纵深交错，从陆路通往西亚以至欧非的路线畅通无阻，可以直抵俄罗斯与东欧，到达阿拉伯、土耳其和非洲。海道则可从泉州或广州入海，远航至东南亚、印度、波斯湾以至非洲等地。元代中西交通的盛况对世界文明的发展产生了深远的影响，19世纪法国的东方学者莱麦撒高度评价了元代的对外开放，并把哥伦布发现新大陆看作是元代世界性交流的结果。他认为元代中西交通对于文明世界的进步具有重要意义，"其结果如何重大，观乎科伦布（哥伦布）为欲至马哥孛罗（马可波罗）所言之大汗国，不期而得美洲新世界者,即可知矣"[1]。元代中西交通的繁荣也大大增强了元代社会的世界观念,反映在史学领域的成就是此期出现了一批辨证异域地理、记载他国风土人情和中外交通历史的史书。元代撰著的域外游记、志书不仅数量较多,而且历史视野更为开阔。这些史著对于中外交通史实和域外史地的丰富记载,展现了元代史学目光远大、胸襟开阔的世界性意识,反映了元代社会进一步了解、认识外部世界,以及加强中外交通、实现太平世界的愿望。

一、元大一统帝国的开放意识

元大一统帝国的形成以及疆域的不断扩大,使元朝统治者更为注意从世界范围认识元朝所处的历史地位,其政治、经济和外交政策皆具有对外开放、"四海为家"的积极思想意识。

元朝统治集团从广袤无际的国土,看到元朝在世界范围内的大国地位。元朝的疆域名义上应包括元廷

---

[1] 张星烺:《中西交通史料汇篇》第二册,辅仁大学图书馆,1930年,第405页。

直接统治的直辖诸路、各行省和宣政院所辖吐蕃地区，以及西北各藩国，即伊利汗国、钦察汗国、察合台汗国和窝阔台汗国等广大地区。《元史》载，元朝幅员"北逾阴山，西极流沙，东尽辽左，南越海表"；"东南所至不下汉、唐，而西北则过之，有难以里数限者"[1]。忽必烈在建大元国号的诏书中，曾回顾了元太祖成吉思汗开疆扩土的历史业绩，他说："我太祖圣武皇帝，握乾符而起朔土，以神武而膺帝图，四震天声，大恢土宇，舆图之广，历古所无。"[2] 在对元朝与中国历史进行纵向比较的同时，忽必烈还从世界范围内进行了横向比较，他认为，"皇元疆理，无外之大"。所以，他要"聘鸿生硕士，立局置属"，"大集万方图志而一之"，修《大元一统志》，以表元朝疆域无边的大国气势。当时，负责修撰《大元一统志》的秘书监官员在给皇帝的奏疏中说："如今日头出来处，日头没处都是咱每的"，原来汉地、江南的图志已不足记载元朝辽远的版图了，"那远的他每怎生般理会的？"因此要利用所

---

[1] 宋濂：《元史》卷五十八《地理志一》，中华书局，1976年。
[2] 宋濂：《元史》卷七《世祖纪四》，中华书局，1976年。

得的"回回图子",才能编成完整的图志。[1] 这是元初君臣对元大一统国家的自豪感。至元代中期,元文宗诏令修撰的《经世大典》,则以典章制度史的形式,从历史总结的角度,进一步强调元朝幅员辽阔的世界地位。总裁官虞集说,"天造草昧,西东梗阻,式涣其群,以一万有"[2],指出了元朝开辟东西通道,涣其群而混于一的历史意义。他还在多处描绘了元朝"幅员之广,极天地覆焘"的宏大气象。同时,《经世大典》还专立《朝贡》一门,记载了其他国家慑于元朝德威、前来纳贡称臣的盛况,序录曰:"我国家幅员之广,极天地覆焘,自唐虞三代声教威力所不能被者,莫不执玉贡琛以修臣职。于是设官治馆以待之,梯山航海,殊服异状,不可胜纪。"[3] "殊服异状,不可胜纪",固然反映了与各国往来的繁盛,但是这种让他国使者"执玉贡琛以修臣职"的做法,则表露了元廷大国独尊的封建意识。

---

[1] 王士点、商企翁:《秘书监志》卷四《纂修》,高荣盛点校,浙江古籍出版社,1992年。

[2] 虞集:《经世大典·政典总序》,载苏天爵编《元文类》卷四十一,四部丛刊初编本。

[3] 虞集:《经世大典·朝贡总序》,载苏天爵编《元文类》卷四十一,四部丛刊初编本。

当然，客观地说，在世界近代文明产生以前，在世界政治舞台上明目张胆地推行大国独尊政策甚至称王称霸的事例屡见不鲜，从波斯帝国称雄到雅典霸权、阿拉伯帝国扩张，这种现象应该看作是近代文明产生以前，人类世界意识由低级向高级发展所经过的必然阶段。元朝统治者大国独尊的封建意识主要表现在其以自我为中心、"君临万方"的思想。早在蒙古时期，贵由汗就于蒙古定宗元年（1246年）交由欧洲教会使团的《答教皇诏书》中声称，蒙古大汗以长生天之命征服世界，命令教皇及各国国王归顺蒙古汗国[1]。忽必烈建立元朝以后，也以"受天明命，奄有区夏，遐方异域畏威怀德者，不可胜数"[2]而自得，并要求周边国家主动朝拜归服，"来则按堵如故，否则必致征讨"[3]。对此，《经世大典》也有专门记载："昔我国家之临万方也，未来朝者遣使喻而服之，不服则从而征伐之。"[4]

---

[1] 伯希和：《蒙古人与教廷》，转引自韩儒林主编《元朝史》下册，人民出版社，1986年，第437—438页。

[2] 宋濂：《元史》卷六《世祖纪三》，中华书局，1976年。

[3] 宋濂：《元史》卷二百一十《琉求传》，中华书局，1976年。

[4] 虞集：《经世大典·遣使录序》，载苏天爵编《元文类》卷四十一，四部丛刊初编本。

第五章　元朝的开放意识与域外史研究

按照这一"祖宗训制",忽必烈三次出兵,对敢于谕而不服的日本国进行讨伐。除此之外,忽必烈对于臣服的国家还有苛刻的规定,他说:"太祖皇帝圣制,凡有归附之国,君长亲朝,子弟入质,编民数出军役,输纳税赋,仍置达鲁花赤统治之。"[1]这六个条件他曾向高丽与安南等国反复提出过,其中,最为元廷看重的是"君长亲朝"这一条,安南与高丽都因国王未能亲赴大都(今北京)朝见元朝皇帝而受到征伐。当然,"输纳税赋"也是必不可少的,元廷不仅要求臣服各国按时朝贡财物,"谨事大之礼",而且还索要当地的工匠、医生等各类人才。比如,忽必烈在元中统三年(1262年)给安南国国王的诏书中就明确指出:"卿既委质为臣,其自中统四年为始,每三年一贡,可选儒士、医人及通阴阳卜筮、诸色人匠各三人,及苏合油、光香、金、银、朱砂、沉香、檀香、犀角、玳瑁、珍珠、象牙、绵、白磁盏等物同至。"[2]总之,元廷与邻国交往的不平等关系,反映出元朝统治者唯我独尊的思想,这是其开阔的世界意识中消极的另一面。

---

[1] (越)黎崱:《安南志略》卷二,武尚清点校,中华书局,2000年。
[2] 宋濂:《元史》卷二百九《安南传》,中华书局,1976年。

不过，总的看来，元朝既拥有广袤的领土，又能采取对外开放、积极交往的政治与经济方针，因而有元一代开放的世界意识得以在主动、频繁的中外交通中生机勃勃地发展。应该看到，出于发展策略的需要，元朝统治者在对外交往中，提出了一些代表当时世界共同发展潮流的进步主张。如忽必烈在政治交往方面提出了"四海为家""通问结好"这样积极主动的外交方针。他曾自称："朕即位以来，薄海内外亲如一家。"[1]事实上，忽必烈登基以后，确实开展了一系列积极的外交活动，除了对邻近的日本、高丽、安南、缅甸、暹国、真腊等国家派遣使节，据《马可·波罗游记》所载，他还主动向遥远的欧洲罗马教廷派出使臣，由马可·波罗之父与叔尼哥罗兄弟随同，与教皇互通信件，建立了联系。他认为："圣人以四海为家，不相通好，岂一家之理哉？"因此，在与外国的通使或"招谕"中，他常常表达"通问结好，以相亲睦"的愿望，并把"亲仁善邻，国之美事"作为政治追求的一个目标。他认为，国与国之间，非到迫不得已之时不要动武，"以至用兵，

---

[1]（越）黎崱：《安南志略》卷二。

夫谁所乐为也"[1]。虽然忽必烈这些"通好"的主张往往是为其政治目的服务的，"亲善"的目标与实际行动也有距离，但这些思想和观点无疑是正确的。值得注意的还有忽必烈"仰惟覆焘，一视同仁，不遐迩小大之间"的原则[2]，这种不分国家远近大小外交平等的原则，保证了元廷与远在欧洲的富浪国，以及遍布南海百数十个所谓"琐琐者"的岛国之交往和通商。[3]

商品贸易是元代中外交通的重要内容，自从蒙古三次西征以后，中西交通畅行无阻，为此，元朝政府还在沿途设立驿站，方便来往贸易的中外商人。在丝绸之路上，日夜奔忙着中国、阿拉伯和欧洲商人。当时，钦察汗国的首都萨莱城成为沟通中西经济的重要都市。据14世纪摩洛哥旅行家伊本·拔图塔的记载，欧洲商人不用到中国去就能在当地买到中国商人卖到这里的丝织品和其他商品；此外，还有不少中国工匠在萨莱定居，并带去了铜镜制造技术[4]。伊利汗国因与

[1] 宋濂：《元史》卷二百八《日本传》，中华书局，1976年。
[2] 宋濂：《元史》卷二百八《高丽传》，中华书局，1976年。
[3] 陈大震：《大德南海志·诸藩国》，元刻残本。
[4] （苏）格列柯夫·雅库鲍夫斯基：《金帐汗国及其灭亡》，转引自韩儒林《元朝史》下册，人民出版社，1986，第392页。

元朝相距较近，商贸更为频繁，元廷权贵购于西域珠宝的开销，有时"动以数十万锭"[1]。波斯商人常从西域带来珠玉、药材与马驼等，中国商人则带去丝绸和瓷器。元代的海外贸易也非常发达，无论公私贸易，元朝政府都给予大力的支持。元朝攻灭南宋后，掌握了东南沿海向外的通道，忽必烈就向当地行省和市舶司官员下诏曰："诸蕃国列居东南岛屿者，皆有慕义之心，可因蕃舶诸人宣布朕意。诚能来朝，朕将宠礼之。其往来互市，各从所欲。"[2] 诏令明确宣布了鼓励商贸的政策，即不以政治关系影响贸易，"诚能来朝"则以宠礼，不能来朝也听其"往来互市，各从所欲"。比如，终元之朝，与日本并未通使，但并不影响两国频繁的商品贸易。元政府还专门制定了《市舶则法》23条[3]，来管理和推动海外贸易。《市舶则法》中设立了若干优惠海商和刺激海上贸易发展的措施，如给予"舶商""梢水"等人的家小"除免杂役"的优待；准许官僚和僧侣

---

[1] 宋濂：《元史》卷三十《泰定帝纪二》，中华书局，1976年。
[2] 宋濂：《元史》卷十《世祖纪七》，中华书局，1976年。
[3] 《元典章》卷二十二《户部八》，陈高华等点校，中华书局，天津古籍出版社，2011年。

第五章 元朝的开放意识与域外史研究

缴纳赋税,从事海外贸易,等等。元政府本身也以"官本船"的方式,直接参与了海上贸易。这种方法规定,"官自具船、给本,选人入蕃贸易诸货","其所获之息,以十分为率。官取其七,所易人得其三"[1]。显然,"官本船"是一种官本商办的外贸活动。主张开放、官私并举的外贸活动,不仅增加了中外交通的机会,扩大了中外经济、文化交流的成果,而且给元廷带来极大的效益。仅从市舶的收入来看,元代中期的市舶税银每年就达数十万锭[2],这还不包括元廷从"官本船"上的获利,因此,时人将海贸视作"军国之所资"[3]的重要财源。

然而,元代史家并没有仅仅从经济效益上考虑中外经贸的作用,对于海外贸易的意义,虞集有一段颇为深刻的认识。他说:"或者以损中国无用之资,易远方难致之物为说,而不思夫国家声教绥怀,无远不及之效,孰谓何为知所当宝者哉!"[4]所谓"国家声教",从狭义上讲,是指元朝的声威德教;从广义上讲,应

---

[1] 宋濂:《元史》卷九十四《食货志二》,中华书局,1976年。
[2] 宋濂:《元史》卷二十六《仁宗纪三》,中华书局,1976年。
[3] 宋濂:《元史》卷一百六十九《贾昔剌传》,中华书局,1976年。
[4] 虞集:《经世大典·赋典序》,载苏天爵编《元文类》卷四十,《四部丛刊初编》本。

是元朝与域外各个方面的文化交流。而元朝正是通过商品贸易和其他管道，与世界各地的文化取得了沟通。以科技知识为例，通过蒙古西征、招募工匠和技师以及商贸间的往来，东西方的地理知识得到沟通，中国和阿拉伯的天文、数学知识也有所交流。1267年，波斯人扎马鲁丁带来七件阿拉伯天文仪器以观天象，还制定了由国家颁行的《万年历》。元政府设立回回天文台，与中国传统的天文台并立。希腊欧几里得的《几何原理》也通过阿拉伯译本传入中国，如据多桑《多桑蒙古史》所记："成吉思汗系诸王以蒙哥皇帝较有学识，彼知解说欧几里得之若干图式。"[1] 波斯商人还带来了回回药物，为此，元廷专设广惠局掌管回回医药；元大都与上都（今内蒙古正蓝旗东）还各设一所回回药物院，由阿拉伯医师主持。中国的天文、数学与医药知识也传到阿拉伯和欧洲，尤其重要的是，中国的印刷术、火药和指南针几项重大的发明通过阿拉伯又传入欧洲，对于欧洲的社会变革起到了重要作用。

元朝的对外开放，吸引了大批外国人士对于中国

---

[1] （瑞典）多桑：《多桑蒙古史》下册，冯承钧译，中华书局，1962年，第91页。

古老文化、先进技术和丰富物产的向往，许多到中国出使、传教、经商、旅行的外国人，著书立说回忆记载他们对中国历史文化的认识，如《马可·波罗游记》《鄂多立克东游录》《伊本·拔图塔游记》，以及马黎诺里重修的《波希米亚编年史》在"世界史"这一部分中插入了他奉教皇之命出使元朝的回忆录。这些著述为世界了解元代中国作出了突出的贡献。

元代社会在经济、政治、文化各个方面对外开放的世界观念，为元朝本身带来了生机和活力，也推动了世界文明的进步。从史学的角度讲，正是元代社会这种开放性的世界观念，为元代史学的世界性意识的发展，奠定了坚实而宽阔的思想基础。

二、对域外史事的记载和著述

（一）元人文集著述中出现了许多关于中外交通和域外史事的记载

首先，记载了中外交通的便捷。比如，有不少记载反映出元大都在辽、金的基础上发展成为连接欧亚的中心枢纽,当时的交通是"东至于海,西逾于昆仑,南极交广,北极穷发,舟车所通,宝货毕来"[1]。从西域乃至欧洲,或者从南海诸岛都有抵达元大都的方便之路,并无阻隔之憾。元末学者危素记述元大都四方荟萃的盛况时说:"四方之士,远者万里,近者数百里,航川舆陆,自东西南北而至者,莫有为之限隔。"[2]当时会集于元大都城里的不仅有外国使节、学者、传教士,还有许多来自西域、欧洲或南海的商人。元代地理学家朱思本说:"西海(指地中海——引者)虽远在数万里外,而驿使贾胡时或至焉。"[3]可见,当时欧洲商人来往于元大都或中国各地者不在少数。至于从中原腹地前往域外者,也可谓四通八达,虞集曾形容当时游历四方的"羽衣之士",是"西游昆仑之圃,北望大荒之野,涉黄河之流,而寻瑶池之津",为所欲为,"无阃域藩篱之间也"[4]。元代的海上交通也非常发达,这

---

[1] 程钜夫:《楚国文宪公雪楼程先生文集》卷七《姚长者传》,明洪武刻本。
[2] 危素:《危太朴集》卷一《送夏仲信序》,民国二年(1913年)刘氏嘉业堂刊本。
[3] 朱思本:《贞一斋诗文稿》卷一《北海释》,宛委别藏本。
[4] 虞集:《道园学古录》卷八《可庭记》,《四部丛刊初编》本,上海书店出版社,1989年。

第五章　元朝的开放意识与域外史研究

一方面是由于元廷与南海诸国的沟通,另一方面则是因造船技术和航海技术的先进。如当时航海已普遍使用水罗盘导航,周达观的《真腊风土记》就记载了航行柬埔寨时用罗经针确定航线的情况,"自温州开洋,行丁未针,历闽广海外诸州港口";"又自真蒲行坤申针,过昆仑洋入港"[1]。罗盘针的使用在汪大渊的《岛夷志略》中也多次提到。元代海船的速度也较快,据汪大渊所述,其所乘海船"挂四帆,乘风破浪,海上若飞",一日一夜所行约百里。[2] 当时,从杭州东行日本,顺风七个昼夜即可到达;由"温州开洋",25天可抵占城;而从云南到天方(麦加),则需一年的时间。因此,航海家汪大渊以为,"中国之往复商贩于殊庭异域之中者,如东西州焉"[3]。这是时人关于海上交通的感觉,至于陆路交通,更有人认为,因"无此疆彼界"之限,所以,"适千里者,如在户庭;之万里者,如出邻家。于是,西域之仕于中朝,学于南夏,乐江湖而忘乡国

---

[1] 周达观:《真腊风土记校注》,夏鼐校注,中华书局,1981年,第15页。
[2] 汪大渊:《岛夷志略校释》,苏继庼校释,中华书局,1981年,第318页。
[3] 汪大渊:《岛夷志略校释》,第385页。

者众矣"[1]。这是多么宏大的气派，恐怕当时也只有对外部世界有了许多认识和了解的元朝人才能有这样的胸怀和气概。

其次，记载了元代中国在与外国人的内外交往中，对外部世界的历史和现实的了解。元朝通常把欧洲国家通称"发郎"或"富浪""拂朗""佛郎"等。对当时来到元上都的"发郎国"商人的情况，王恽有所记载。他说，元中统二年（1261年）五月，有"发郎国遣人来献卉服诸物，其使自本土达上都已逾三年"；"发郎"国人自言他们"妇人颇妍美，男人例碧眼黄发"；所经"途有二海，一则逾月，一则期月可渡，其船艘大可载五十百人。其所献盏斚，盖海鸟大卵分而为之，酌以琼醑即温"；"上嘉其远来，回赐金帛甚渥"[2]。这里所记显然是来自欧洲的商人，"途有二海"可能就是今地中海和黑海，由于忽必烈接见了这些献礼的商人，所以，王恽将此作为要事作了记载。至元末，又有"拂朗国献天马"一事为朝野士大夫所津津乐道。元至正

---

[1] 王礼：《麟原文集》前集卷六《义冢记》，《文渊阁四库全书》本。
[2] 王恽：《秋涧先生大全文集》卷八十一《中堂事记中》，《四部丛刊初编》本，上海书店出版社，1989年。

二年（1342年）七月，罗马教廷为了答谢元顺帝派遣欧洲的使团，由马黎诺里率领的欧洲使团携带国书和诸多礼品到达元上都，在使团献给元顺帝的礼物中有一匹骏马，"长一丈一尺三寸，高六尺四寸，身纯黑，后二蹄皆白"[1]。据史臣揭傒斯记载，为了说明"盛世得宝"，国运昌隆，元顺帝专门"敕臣周朗貌以为图"，又诏文臣赋诗纪事。这虽是元廷为掩盖后期政局衰落所采取的一种手段，但从揭傒斯的《天马赞》中还是反映了他对欧洲国家的一些认识。他说："拂朗国邈限西溟"，由西而来要"东逾月窟，梁雍是经"，"朝饮大河，暮秣太华"，"四践寒暑，爰至上京"。他还意识到拂朗国"重译来庭"，两国通好，"共基太平，万国咸宁"[2]，意义十分重大。

再次，元人所述有关中外通商交往的情形，内容也很广泛。如记元大都琳琅满目的中外商品曰："万方之珍怪货宝，璆琳琅玕、珊瑚珠玑、翡翠玳瑁象犀之品，江南吴越之髹漆刻镂，荆楚之金锡，齐鲁之柔犷纤缟，

---

[1] 宋濂：《元史》卷四十《顺帝纪三》，中华书局，1976年。
[2] 揭傒斯：《揭文安公文粹》卷二《天马赞》，《丛书集成初编》本，商务印书馆，1936年。

昆仑波斯之童奴,冀之名马,皆琨煌可喜,驰人心神。"[1]南方的泉州、广州、庆元(今浙江宁波)是与海外各国通商的重要港口,泉州港湾山环海抱,"番货远物、珍宝奇玩之所渊薮,殊方别域富商巨贾之所窟宅,号为天下最"[2]。泉州港被《马可·波罗游记》称为世界唯一最大的商港,在此居住的外国商人数以万计,因而说是"殊方别域"的富商巨贾所窟宅。庆元则是元朝与日本、高丽通商的主要港口,翰林承旨张翥曾赋诗称赞庆元的繁华,"是邦控岛夷,走集聚商舸;珠香杂犀象,税入何其多!"广州的市舶也很发达,海舶出入,外商云集,元人孙蕡有《广州歌》曰:"岢峨大舶映云日,贾客千家万户室。"[3]元人陈大震在《大德南海志》中记有交易的"舶货"名称和当时来往的"诸蕃国"国名,据统计,共有大小 143 个国家,遍及东南亚、南亚、中东、非洲、欧洲等地,体现了元人域外地理概念的进步。[4]

---

[1] 马祖常:《石田文集》卷九《李氏寿桂堂诗集序》,《文渊阁四库全书》本,上海古籍出版社,2003 年。
[2] 吴澄:《吴文正公集》卷十六《送江曼卿赴泉州路录事序》,清乾隆刻本。
[3] 《广州府志·风俗》,清光绪刻本。
[4] 陈连庆:《〈大德南海志〉所见西域南海考实》,《文史》第 27 期。

（二）域外史专著，如游记、志略等，数量增多

蒙元时期，有大批官员、使者、商人、旅行家西行或远航，饱览异域风情，了解外国历史，他们有不少人秉笔记录了亲历的所见所闻。这些珍贵的著述，为国人打开了一扇扇认识世界的窗户。其中，较为重要的是远行中亚、西亚的耶律楚材、丘处机、常德，航行南海的周达观和汪大渊，以及出使外国的徐明善、周致中等。

耶律楚材，字晋卿，法号湛然居士，是元初学者和佛教徒。因有学名，蒙古太祖十三年（1218年）被成吉思汗征至漠北行宫，以备左右顾问。翌年，成吉思汗亲率大军西征，耶律楚材奉命随从，至蒙古太祖十九年（1224年）始东归，此次西行历时六年，行程约三万公里。耶律楚材东归以后，常有"里人问异域事"，"遂著《西游录》"[1]。《西游录》分上下篇，上篇记西行沿途见闻，描述西域地理风貌，是关于13世

---

[1] 耶律楚材：《西游录》，向达校注，中华书局，1981年，第2页。

纪楚河、锡尔河、阿姆河地区史地的重要文献；下篇从佛教徒的角度攻击道教和丘处机，与西北史地关系不大。丘处机，字通密，自号长春子，是元初道教全真派著名道士。蒙古太祖十四年（1219年），成吉思汗为求长生之术，召丘处机西行。丘处机以76岁高龄率门徒18人同行，历时两年七个月，于蒙古太祖十六年（1221年）谒见成吉思汗于阿富汗境内的兴都库什山北坡行宫，蒙古太祖十八年（1223年）取另路返回。其随行弟子李志常将沿途见闻和丘处机的诗词言谈作了记录，东归后整理成《长春真人西游记》二卷。该书内容比《西游录》较为丰富，又因两人所行路线不尽相同，可有互相补正之益，因此皆为最早记述天山以北、葱岭以西历史地理之宝贵资料。常德，字仁卿，蒙古宪宗九年（1259年），奉蒙哥之命前往波斯觐见西征统帅旭烈兀。他从和林出发，经蒙古高原、准噶尔盆地，渡乌沦古河、伊犁河、锡尔河、阿姆河，到达里海南面旭烈兀的营地。翌年回朝，历时14个月。元中统四年（1263年），由他口述，刘郁笔录，撰成《西使记》。常德西行比耶律楚材和丘处机更为遥远，抵达伊朗高原之西北部，在《西使记》里已提及地中海和欧洲，另外，其西行又比前两者晚近四十年，经过几次西征，中亚面貌又有较大变化，所以该书是人们了解13世纪中期中亚、西亚史地的重要著作。

周达观自元成宗元贞元年（1295年）奉命随使赴真腊，翌年从温州出发，留居一年始返。回国后，他根据自己的亲身见闻写成《真腊风土记》一书，该书是现存最早全面记载吴哥文化极盛时代的专著，在国际上受到高度重视。汪大渊于元至顺元年（1330年）跟随商船远航印度洋，历时五年，远至阿拉伯和非洲国家；元顺帝至元三年（1337年），他又第二次远航，周游南海诸国，经时三年。元至正九年（1349年）写成《岛夷志略》一书，记录数百个地名，以及各地的山川险要、气候物产、人物风俗，与中国的经济、文化交往等，是航海史、华侨史、中外关系史和世界史研究不可或缺的史料。

元初的徐明善和元末的周致中则都曾以使节的身份出使外国。徐明善的《安南行记》专门记述了元至元二十五年（1288年）为副使，陪同礼部侍郎李思衍出使安南的经过。周致中为江陵人，《浙江采集遗书总录》戊集说他"奉使外番者六，熟知四夷风俗"。他以其对外域的见识，撰成《螺虫录》一书，明人将此书改编为《异域志》。现存的《异域志》编为157条内容，记述210个国家或民族的情况，对研究元代中亚史甚有裨益。

另外，元修三史继承了前代正史记外国史传的优良传统，并有所发展，如辽、金二史除述有外国传外，《辽史》还有《属国表》记与日本、高丽的交往，《金史》则又有《交聘表》记与高丽的关系。而《宋史》则有外国传六卷，记外国20个，从卷数和所记国家数量来看，都比前史增多。

三、元代域外史研究的成就

（一）介绍域外地理知识，补充或订正了以往记载的一些缺误

元代外国游记和志略在记载外国舆地方面，相比前代而言有几个特点：

一是数量较多，同一地域和路线有不同史书的记

第五章　元朝的开放意识与域外史研究

录，从而提供了详细、丰富的地理知识。例如，蒙古时期西行历险并留下著作的就有耶律楚材、丘处机、常德等人，他们的著作都反映了中亚、西亚13世纪的历史和地理，尤其是翻过阿尔泰山以后，从别失八里（今新疆吉木萨尔）到不剌城（今新疆博乐），越过天山至阿里马里（今新疆霍城），继续西行，抵虎思窝鲁朵（今吉尔吉斯布纳古城），然后到达撒马尔干（今乌克兰撒马尔罕）这一段，耶律楚材、丘处机和常德走过的路线基本相同，记载的地名地形便可相互考校。在海上"丝绸之路"的记载上，汪大渊的南海远航至真腊这一段与周达观的行程基本相同，而且《岛夷志略》和《真腊风土记》中有关真腊与南海岛国的一些史实也有可以相互补充之处，这就保证了对域外史实记载的准确性。

　　二是元代域外史地著作所记载的地域范围比前代大大扩大，包括中亚、西亚、南亚、东南亚以及欧洲、非洲等广阔地域。比如，常德的西行直达里海西南沿岸，已经接触到拂林国（东罗马帝国）。《西行记》不仅记述了拂林，而且还第一次记载了海西富浪国（欧洲国家）的情况，其曰："至报达（今伊拉克巴格达）

六千余里,国西即海。海西有富浪国,妇人衣冠如世所画菩萨状。男子胡服,皆善寝,不去衣,虽夫妇亦异处。"所述方向、里程皆无太大偏误。元代旅行者对于非洲的了解和介绍,更是大大超越了前代。虽然唐代杜环的《经行记》中已记述了非洲国家,但只提到埃及、苏丹、埃塞俄比亚等三国。宋代的海船也到达了亚丁湾和东非的"层拔国",即今桑给巴尔尔[1],但也只是接近亚丁湾的东非少数国家。然而,元代的汪大渊则游历了东非、北非沿岸,他在《岛夷志略》中所列举的非洲地名,广及东非沿海、亚丁湾南岸、红海西岸和地中海南岸。汪大渊甚至穿过红海,沿地中海南岸到达非洲西部的摩洛哥,记载了那里重要的丹吉尔港[2],成为第一个到达大西洋边上的中国人。元代航海家和舆地著作中丰富的非洲知识为元代地图的编绘提供了第一手材料,现存朝鲜李荟的《混一疆理历代国都之图》是按照元人李泽民《声教广被图》和释清睿的《混一疆理图》编制的,在李荟的图上首次准确地将非洲的地图画成一个倒三角形,尖端指向南方。元

---

[1] 赵汝适:《诸蕃志》,《文渊阁四库全书》本。
[2] 汪大渊:《岛夷志略校释》,第305页。

第五章 元朝的开放意识与域外史研究

人的两图今已佚,其前者绘于《岛夷志略》成书前后,后者绘于书成之二三十年后,因而他们完全有可能受到汪大渊的影响。按苏继庼的《岛夷志略校释》来作统计,仅此书所记录的亚非地名就达二百二十余个[1]。这些游历和记载,大大开阔了史家的历史视野,丰富了人们的地理概念和知识。

三是"读万卷书,行万里路"。以亲身经历或考察作为记载的依据,这是中国史学的优良传统。元代域外史地著述基本上出于身历目识,因此,四库馆臣在比较汪大渊《岛夷志略》和南宋赵汝适的《诸蕃志》时说:"诸史外国列传秉笔之人,皆未尝身历其地,即赵汝适《诸蕃志》之类亦多得于市舶之口传。大渊此书则皆亲历而手记之,究非空谈无征者比。"[2] 正因为元代游记、志略多为身历目识,所以,他们得以颇为令人信服地考信历代舆地记载,或补正以往文献的缺误。比如,《西使记》曰:

---

[1] 汪大渊:《岛夷志略校释》,第417—521页。
[2] 永瑢等:《四库全书总目》卷七十一《岛夷志略》提要,中华书局,1965年。

> 西域之开，始自张骞，其土地山川固在也。然世代浸远，国号变易，事亦难考。今之所谓瀚海者，即古金山也；印毒即汉身毒也；曰驼鸟者，即安息所产大马爵也；密昔儿，即唐拂林地也，观其土产风俗可知已。又，《新唐书》载：拂林去京师四万里，在西海上。所产珍异之物与今日地里正相同，盖无疑也。[1]

古金山，即今阿尔泰山，称为瀚海，可备一说；印毒即身毒，非常正确；特别是多方指证"密昔儿，即唐拂林地"，更是准确无误，因为密昔儿即埃及，拂林即拜占廷帝国，5—11世纪，埃及都在拜占廷帝国的控制之下，自然可称为"唐拂林地"了。除《西使记》在此有这样集中的考信外，其他著述也都有许多直接或非直接的地理考信内容。例如：考"别失八里"（今新疆吉木萨尔）——《西游录》曰："名别石把，有唐碑。"《西使记》称"别失八里"。《长春真人西游记》称"鳖思马"，并有详细的记载：

---

[1] 刘郁：《西使记》，《丛书集成初编》本，商务印书馆，1936年，第4页。

"此大唐时北庭端府。景龙三年,杨公何为大都护,有德政。有龙兴西寺二石刻在,功德焕然可观。"[1]端府即都护府之合音,有唐碑为据故可证"别失八里"为唐北庭都护府所在;而李志常所言杨何为大都护,则可补《新唐书·方镇表》之缺。考"轮台"(今新疆米泉至昌吉间)——《西游录》曰:"(别石把)城之西二百里有轮台县,唐碑在焉。"《新唐书·地理志》也说:"自庭州西延城西至轮台县二百二十里。"因此,可纠《元和郡县志》以为轮台在州西四十二里之误。《长春真人西游记》曰:"其西三百余里,有县曰轮台。"[2]所记里数稍多。考"虎司窝鲁朵"(今吉尔吉斯布纳古城)——《西游录》曰:"(亦列)河之西有城曰虎司窝鲁朵,即西辽之都也。"李志常则将此城称为"大石林牙",并说这里"平地颇多,以农桑为务","其国王辽后也"。《西使记》虽未记城名,但也谈到在亦列河附近,有地"土平民伙,沟洫映带,多故垒坏垣。问

---

[1] 李志常:《长春真人西游记》,《丛书集成初编》本,商务印书馆,1936年,第10页。
[2] 李志常:《长春真人西游记》,第10页。

之，盖契丹故居也"。由此可合证虎司窝鲁朵为耶律大石西迁后建立的西辽国都。考"寻思干"（今乌兹别克撒马尔罕）——《西游录》曰："寻思干者，西人云肥也，以地土肥饶故名之。""寻思干甚富庶。"对此，《西使记》也有近似的记载："寻思干，城大而民繁。"[1]而李志常则称此城为"邪米思干"，说"方算端氏之未败也，城中常十万余户，国破而来，存四之一"[2]。不仅同样记述了寻思干城的宽大富庶，同时透露了西征的杀戮。

（二）从社会制度、文化习俗、经济活动、风土物产等方面，反映域外社会历史发展的状况，开阔了国人的眼界

元代游记和志书在集中记载外国史事方面，周达观的《真腊风土记》最具代表性。全书四十则，详载13世纪末叶柬埔寨的各类史事。其中，记述国家制度的，有城郭、宫室、官属、争讼、属郡、军马、国王出入等则。在有关国家制度的这部分内容中，对吴哥

---

[1] 刘郁：《西使记》，第2页。

[2] 李志常：《长春真人西游记》，第14页。

都城的历史记载是非常准确和极其宝贵的。周达观在全书的开始就勾划了吴哥都城的全貌:

> 州城周围可二十里,有五门,门各两重。唯东向开二门,余向皆一门。城之外皆巨濠,濠之上皆通衢大桥。桥之两旁共有石神五十四枚,如石将军状,甚巨而狞。五门皆相似。桥之阑皆石为之,凿为蛇形,蛇皆九头。五十四神皆以手拔蛇,有不容其走逸之势。城门上有大石佛头五,面向四方……其城甚方整,四方各有石塔一座。[1]

书中还描述了王宫及其他重要景点,这些详细具体的记载使吴哥城的严整布局和雄伟气势跃然纸上,令人有亲临其境之感。更为可贵的是,这些记载不仅生动,而且真实准确,经得起后人的检验。20世纪以来,中国许多学者和法国的伯希和、戴密微、赛岱司等均对《真腊风土记》作了注释考校,并对照现存的吴哥古迹,发现周达观的记述大体无误。正因为周

---

[1] 周达观:《真腊风土记校注》,第43页。

达观对吴哥古迹记载的准确,才帮助人们打开了这座几被湮没的艺术宫殿的大门。自15世纪末吴哥古都被废弃后,就逐渐为巨树浓荫、荒草修藤所遮盖。19世纪初,法国学者雷慕沙将《真腊风土记》译成法文,引起了法国人寻找吴哥古迹的兴趣。1850年,法国传教士发现了废墟的一角。1863年,法国博物学家亨利·穆奥以《真腊风土记》为指南,寻访吴哥并发表游记,引起轰动。人们将《真腊风土记》的功劳,与《大唐西域记》指导英国人和印度人发掘那烂陀古庙相媲美。由此可知关于吴哥古城的历史材料十分珍贵。

周著除国家制度的历史记载外,在文化习俗方面,又有语言、文字、三教、正朔时序、人物、室女、澡浴等篇;经济活动方面,有贸易、蚕桑、器用、出产、车轿、舟楫等篇;风土物产方面,则有草木、飞鸟、走兽、蔬菜、鱼龙等篇。内容之丰富,几乎包括了整个社会历史风貌。因此,周达观颇为自信地说:"其风土国事之详,虽不能尽知,然其大略亦可见矣。"[1]《真腊风土

---

[1]　周达观:《真腊风土记校注》,第16页。

记》重要的史料价值前人早有识见,《四库全书总目》在该书的提要中就认为,隋、唐、宋各史虽对真腊有所记录,但"所载风土方物,往往疏略不备";"《元史》不立真腊传,得此而本末详具,犹可以补其佚阙"[1]。当代学者夏鼐在谈到《真腊风土记》时明确指出:"连柬埔寨本国文献中,也没有像这样一部详述他们中古时代文物风俗生活的书籍,所以研究柬埔寨历史的学者对它极其重视。"[2]

自然,元代的其他游记和域外史志也有许多精彩的内容,尤其对于民族民俗、经济劳作、风土物产等方面,多有详细记述。例如,汪大渊颇为注意世界各地不同民族的特征,他在摩洛哥的丹吉尔地区注意到达里萨部族;在艾伯特见到编发、发梢接上牛毛绳的贝贾族;他描述印度孟买的寇里人"面长,目反白,容黑如漆";而一般的印度人则"小目长项"[3]。他还记载了14世纪中叶,吕宋群岛上孟族还存在殉葬的习

---

[1] 永瑢等《四库全书总目》卷七十一《真腊风土记》提要。

[2] 周达观:《真腊风土记校注》,第2页。

[3] 汪大渊:《岛夷志略校释》,第356页。

俗，而暹罗湾一带则有海葬的习惯。[1]《长春真人西游记》则详细记载了13世纪中亚地区穆斯林的生活习俗和斋礼。[2] 在记载经济活动和生产劳作方面，如《西游录》描绘西亚名城寻思干当时富庶的田园风光，其曰："环郭数十里皆园林也。家必有园，园必成趣，率飞渠走泉，方池圆沼，柏柳相接，桃李连延，亦一时之胜概也。"[3] 汪大渊《岛夷志略》的"大乌爹"条介绍了印度奥里萨邦当时的货币；在"古里佛""朋加剌"两条介绍了这两个国家的官税；在"甘里埋"条考证了霍尔木兹商人运马船只的制造技术。在风土物产方面，《西使记》颇为注意西亚、非洲、欧洲的物产，如寻思干的药材、埃及的黄金、欧洲的食火鸟、波斯湾的珍珠、印度的金刚钻、阿富汗山中的白银等。《岛夷志略》更是详细记录了海外物产品名，全书所记物品数量之多达三百五十余种。[4]

---

[1] 汪大渊：《岛夷志略校释》，第33、120页。
[2] 李志常：《长春真人西游记》，第19—20页。
[3] 耶律楚材：《西游录》，第3页。
[4] 汪大渊：《岛夷志略校释》，第427—434页。

（三）反映了元代史学的世界性意识

元代史家虽未形成较为完整的世界性意识，但他们能够认识到中外历史文化发展的互相关联和互相影响，并力图在著述中反映出中外交流的历史成就和意义。

比如，汪大渊在《岛夷志略》后序中就明确声称，编著《岛夷志略》的目的是"非徒以广士大夫之异闻，盖以表国朝威德如是之大且远也"[1]。"国朝威德"的说法虽系明显夸大之词，但却表明了他要记载中华文明传播、中外文化交流的意愿。这种意愿也表现在长春真人丘处机"道德欲兴千里外，风尘不惮九夷行"[2]的诗句中。长春真人应成吉思汗召见之前，曾分别回绝过金世宗、宋宁宗的邀请。他西行时已经76岁，风餐露宿前后三年，中途还生了一场大病，如此艰难困苦，确实是不惮风尘。由此不难看出，丘处机西行并不是单纯的应诏，而是有意在"圣人不得垂文化"的异域他乡兴扬道德的。从《长春真人西游记》的记载

---

[1] 汪大渊：《岛夷志略校释》，第385页。
[2] 李志常：《长春真人西游记》，第19页。

中还可以看到，丘处机在西行中不仅兴建道观，宣传道教文化，而且多次表达他反对杀生，要求尽早结束战争的愿望。就在丘处机头一次谒见成吉思汗后，他路过铁门山谷，亲眼目睹了西征战场上横尸遍野的惨状，不仅感慨万千，当场赋诗曰："十年万里干戈动，早晚回军复太平"，反映出他对太平世界历史前途的追求。他还在赠予窝阔台医官的诗句中说："我之帝所临河上，欲罢干戈致太平。"明确表示了劝君罢兵是他西行的一个重要目的。他利用劝告成吉思汗宜少捕猎的机会，宣讲了"天道好生"的道理；根据耶律楚材编录的《玄风庆会录》记载，他也确实劝说过成吉思汗，让"黔黎获苏息之安"。总之，和平环境是人类发展的基础，文化交流是人类共同进步的条件，《长春真人西游记》所表达的对于太平世界的追求和传播文化的愿望，自然十分可贵。

以元代的域外游记和志书而言，反映中外交流历史成就和意义的内容是多方面的。

首先，记载了中国人移居国外并与当地人民友好相处的历史。例如，《岛夷志略》"土塔"条就记载在印度半岛东岸的纳加帕蒂南附近，"有土砖甃塔，高数丈。汉字书云:'咸淳三年八月毕工。'传闻中国之人其年饭彼,为书于石以刻之,至今不磨灭焉。"[1]据苏继顾等人考证,这座砖塔俗称中国塔,始建于1267年,1846年尚存三层,1867年拆毁,前后留存600年之久,它是中印人民友谊的历史见证。周达观的《真腊风土记》也提到不少中国人在柬埔寨定居,他说,元代沿海水手有许多人因真腊"米粮易求,妇女易得,屋室易办,器用易足,买卖易为"[2]而移居该国。此外,如《西使记》所言报答国(今巴格达)的哈里发,"其妃后皆汉人"。据《长春真人西游记》卷上记载,有不少汉人、契丹人、西夏人在西亚寻思干城种植田园。元代大批留居国外的中国人和许多居住于中国的波斯人、埃及人、欧洲人的侨居事迹交相辉映,都为居留国的经济生产和文化发展作出了自己的贡献。元代域外游记和志书正是通过宋元时期中国侨民在域外安居乐业的事实,反映了"四海为家"的世界观念。

其次,通过记述中华文化在域外传播以及备受尊重的情形,反映中外文化交流的密切联系。比如,汪

---

[1] 汪大渊:《岛夷志略校释》,第285页。
[2] 周达观:《真腊风土记校注》,第180页。

大渊的《岛夷志略》就在"交趾""占城"两条分别记载了中国文化在越南北部和中部的影响,他说安南国人喜穿唐衣,"俗尚礼义,有中国之风","凡民间俊秀子弟,八岁入小学,十五岁入大学,其诵诗读书、谈性理、为文章,皆与中国同";而占城人其衣也"半似唐人"[1]。周达观的《真腊风土记》同样有不少篇幅记载中国文化在柬埔寨得到传播,深受敬重的情况,他在"三教"篇中记述中国的儒教和道教在柬埔寨传播,当地人称儒者为"班诘",称道者为"八思惟"。真腊人不仅学习儒教和道教,在经济生产方面也向中国学习,比如,真腊水手就专门从中国带去了家鹅,在当地饲养传种。[2] 这些材料虽然是片断的、零散的,但却可从一个侧面说明中华文明在域外的影响,说明各国文化发展的有机联系。

再次,展示中外贸易的繁荣,反映中外经济发展的互补性。应该说,在元代域外游记和志略中,《岛夷志略》记载中外贸易的材料最为丰富,汪大渊在书中不仅记录了三百五十多种域外产品,而且在书里

---

[1] 汪大渊:《岛夷志略校释》,第50、55页。
[2] 周达观:《真腊风土记校注》,第154页。

的100个条目中,绝大多数交代了当地所需的中国商品。他还用许多事实反映了中国与南海诸国的经济交往,他记载柔佛东岸海中的潮满岛与中国泉州的商贸频繁,"昔泉之吴宅,发舶梢众百有余人,到彼贸易",足见中国商航规模之大。他说马来半岛的哥打巴鲁除需要中国的青瓷盘、花碗以外,还特别喜欢中国的月琴、琵琶、大鼓、乐板等乐器;而柔佛东海中的奥尔岛,则以当地特产专门编织一种冬暖夏凉的椰心簟,"以售唐人";印度泰米尔纳德邦的马都拉盛产高质量的珍珠,当地商人平时广为收购,等待中国商船到来,"求售于唐人"[1]。《真腊风土记》也记载了许多中国商品在柬埔寨的流行,书中还专门设了"欲得唐货"篇,详细开列了真腊急需的中国产品有数十种之多。应该看到,中外交通的许多领域,正是以商品贸易为先行的,中外经济往来的繁荣为其他文化类型的交流打开了通道。《岛夷志略》等书对于中外商贸繁荣的记载,不仅说明了中国文化的世界性贡献,而且还反映了世界历史发展的整体性特征。

---

[1] 汪大渊:《岛夷志略校释》,第209、227、273页。

综上所述,元代域外游记和志书不仅从观察域外的角度使人们认识到中华文明在世界范围内的重要地位,而且还向人们说明了世界各国历史发展的联系性。这对于促进元代社会以更为开放的态势面向世界,取长补短,共同进步,具有积极的意义。元代域外史研究的成就,对明清史学也产生了重要影响,这是中国古代史学值得重视的研究课题。

第六章 许衡的政治实践与历史观念

许衡（1209—1281），字仲平，号鲁斋，怀州河内（今河南焦作李封村）人，元代著名的政治家、思想家和教育家。在金元鼎革纷乱之际，他继承程朱理学，兴办学校，传播儒家文化，推行伦理纲常教育，并从笃实践履的角度阐释理学，为理学在北方的传播立下不朽之功，为元朝培养了大批治国人才。许衡是元代杰出的政治家，他从儒家的政治史观出发，主张在与蒙古贵族的合作中"用夏变夷"，为元廷定官制、立法规、造历律，提倡行汉法、重农桑，使先进的中原文明成为元朝社会发展的强国之本。许衡在传播理学、为元世祖忽必烈规划治国方略的过程中，从历史中汲取营养、总结经验，确实反映出深邃、广博的历史思想。

他的政治实践和社会政治史观,为元代的立国规模和政治体制奠定了基础,并产生了深刻的影响,他在这方面的历史贡献值得深入探讨和评析。

一、五进五退的政治实践及其影响

许衡少怀大志,不满足于"章句之学"。蒙古乃马真后元年(1242年),许衡闻知隐居苏门(今河南辉县)的姚枢传授由赵复北传而来的程朱理学,即赴苏门向姚枢求教。由此他开始接触到程朱的著作和理学思想,并"旦夕讲诵不辍,笃志力行以身先之"[1],深深地被程朱理学所折服。从34岁到43岁这九年期间,他和窦默、姚枢一起相互讲习,钻研程朱理学,教授生徒。这一时期的学术活动和礼仪实践,确立了他的学术规模和方向,为今后弘扬理学、救世济民的执政才能奠定了基础。

元宪宗元年(1251年)以后,许衡的好友姚枢、窦默接受蒙古政权的召用而北上。宪宗四年(1254年),

---

[1] 耶律有尚:《考岁略》,收入许衡《鲁斋遗书》卷十三《附录》,明万历二十四年(1596年)刻本。

第六章　许衡的政治实践与历史观念

忽必烈就任秦王，为了在关陕地区推行教化，命廉希宪为宣抚使，征召京兆教授。时在中原早有声名的许衡成为征召对象。任京兆教授的第二年，他又升任京兆提学，直到忽必烈南征时许衡才离秦返回家乡。中统元年（1260年），忽必烈即汗位，不久即征召许衡入朝，自此许衡开始了在政坛上为元廷出谋献策、参议朝政的阶段。直至他去世前一年的至元十七年（1280年）辞政归乡，二十年间，许衡经历了五度入朝、五次归隐的曲折政治生涯。

第一次入朝。忽必烈在上都即位后，许衡应召至上都朝见了忽必烈，《考岁略》记载了忽必烈与许衡二人的见面和对话。在这次谈话中，许衡将自己所学孔子之学，擅长"勤力农务，教授童蒙"等情况据实回答。忽必烈召见许衡，确实是想为元廷物色治国之才，虽然这次看来平淡的接见和对话并无什么直接的结果，因许衡不久就回到河北，但是这次召见，他还是给忽必烈留下了务实可取的印象。

第二次入朝。中统二年（1261年），忽必烈向窦默征求意见，寻找类如唐朝魏徵那样的辅政人才。当时朝廷正是以言利进的王文统主政，与主张以礼义为本的窦默、姚枢等人互不相容。于是窦默等人向元世祖忽必烈进言:"王文统学术不正,久居相位,必祸天下。"世祖问:"然则谁可相者?"窦默答曰:"以臣观之,无如许衡。"[1] 于是这一年三月许衡又被召至上都,准备委以重任。王文统为了架空姚、窦、许三人,奏请以姚枢为太子太师、窦默为太子太傅、许衡为太子太保,名义上是尊崇此三人,实际上是委以虚衔,让他们远离政治中枢。许衡以为当时仍未行汉法,太子未必能以儒家礼仪尊重师道,"不能,则师道自我废也"。这对于以崇道为己任的许衡而言是万不能接受的,于是三人力辞,最后姚枢被任命为大司农,窦默为翰林侍讲学士,许衡为国子祭酒。[2] 这是许衡参与朝廷斗争的第一次胜利。不过任命后不久,他便以病为由辞职回乡了。

第三次入朝。中统三年(1262年)九月,许衡又被召至大都,这次进京他"假馆于道庵中",除与姚枢、窦默两位挚友时常往返交流之外,其他社会活动很少。在大都逗留了一年多,并未有召见或入朝任职,于

---

[1] 宋濂:《元史》卷一百五十八《窦默传》,中华书局,1976年。
[2] 宋濂:《元史》卷一百五十八《许衡传》,中华书局,1976年。

第六章　许衡的政治实践与历史观念

是便于至元元年（1264年）辞还怀孟故乡。至元二年（1265年）十月，忽必烈又召许衡至大都，时以安童为右丞相，欲许衡辅佐之，参与中书省事。许衡又以病辞，引起忽必烈的不满。至元三年（1266年），忽必烈在檀州的行宫接见许衡时说："我今召汝无他也，省中事，前虽命汝，意犹未悉，今特面命汝也。人皆誉汝，想有其实。汝之名分，其斟酌在我也。国家所以无失，百姓所以得安，其谋谟在汝也。……安童尚幼，苦未更事，汝谨辅导之。"许衡对答曰："安童聪悟，且有执持，告之古人言论，悉能领解，……但虑中有人间之则难行。"[1] 这段君臣对话，虽反映出忽必烈对许衡以病辞职的不满，但仍对他颇加信任，并予鼓励。许衡表示领命，但也表达了自己的顾虑，所谓"虑中有人间之"，所虑者则当时急功近利、以敛财得势的回回权臣阿合马。这次召见后，许衡经过两个月的周密思考，向忽必烈呈上了著名的治国方略《时务五事》，为元朝治国安民的政治目标提出了系统的构想和理论，其中心理念即"行汉法"的方针。奏疏呈

---

[1]　许衡：《鲁斋遗书》卷七《对御》，明万历二十四年（1596年）刻本。

上后,"帝嘉纳之",此后又有多次上奏。至元四年(1267年),许衡确因身体多病,"乃听其归怀"[1]。本次入朝,是他与元世祖交流最多的一次,并且也得到展示他政治理想的机会,可惜《时务五事》提出的种种治国方略,其后并未得以全面推行。

第四次入朝。至元五年(1268年)二月,许衡又奉召入大都,除国子祭酒,先后与太保刘秉忠、太常卿徐世隆议定朝仪,与刘秉忠、左丞张文谦议定官制。朝仪奏上后,世祖亲临观看,"大悦,举酒赐之";在制定官制的过程中,他与一些守旧的宗亲大臣展开斗争,坚持既定的原则,也得到了世祖的支持。[2]至元七年(1270年),许衡被任命为中书左丞,这是他仕途中最高的职位,许衡再三恳辞,均不获准,于是只好领职。时阿合马专权,势倾朝野,许衡刚直不阿,上奏阿合马"专权罔上,蠹政害民"若干事,但未能上报。此次入朝,许衡议定朝仪、官制,进拜中书左丞,达到政治事业的顶点,但他仍深感自己的儒学理

---

[1] 宋濂:《元史》卷一百五十八《许衡传》,中华书局,1976年。
[2] 许衡:《考岁略续》,《许文正公遗书》卷首,清乾隆五十五年(1790年)刻本。

念与忽必烈在政治上的功利追求很难一致,故再三辞去中书左丞之职,上书曰"臣之所学迂远,于陛下圣谟神算未尽吻合"[1]。至此,也引起忽必烈的同情,他有意让许衡之子师可代行其职,但许衡以为不可。于是,忽必烈同意了他的辞呈,并于至元八年(1271年)改任他为集贤大学士,兼国子祭酒,许衡对这个任命很满意,喜曰:"此吾事也。"[2]认为这是适合他的工作。从至元八年到至元十七年(1280年)近十年间,许衡为国子学的教育可谓呕心沥血,他对那些选来的蒙古贵胄子弟"待之如成人,爱之如子,出入进退,其严若君臣。其为教,因觉以明善,因明以开蔽,相其动息以为张弛"[3]。在他的努力下,国子学教育取得了很大的成功。元人苏元爵评价曰,"国学之置,肇自许文正公","数十年彬彬然号称名卿才大夫者,皆其门人也"[4]。

第五次入朝。至元十年(1273年),许衡以身体

---

[1] 耶律有尚:《考岁略》,载《鲁斋遗书》卷十三《附录》。
[2] 宋濂:《元史》卷一百五十八《许衡传》,中华书局,1976年。
[3] 宋濂:《元史》卷一百五十八《许衡传》,中华书局,1976年。
[4] 苏天爵辑《元朝名臣事略》卷八《左丞许文正公》,姚景安点校,中华书局,1996年。

有病，又需回家治办亲丧为由，辞职还乡。家居三年后，又于至元十三年（1276年）被召进京，授"集贤大学士兼国子祭酒，教领太史院事"，负责修订历法。[1] 元初的历法本沿用金代《大明历》，但因其"日月交食颇差"[2]，历法与天象不符的弊病给生产、生活，乃至军事行动带来诸多不便。后来虽利用西域人札马鲁丁撰进的《万年历》，但也因"岁久浸差"[3]，急需修订。特别是至元十三年元军攻灭南宋后，忽必烈以为海宇混一，更需编订新历。于是诏令许衡、王恂及郭守敬等一批精通历法的儒臣，率领日官分赴各地测验，并稽考历代历法，斟酌去取，创立新法。在许衡的主持下，经过四年努力终于在至元十七年（1280年）完成新历。世祖忽必烈为新历赐名《授时历》，并于当年十一月颁行全国。[4]《授时历》集古代历法之优长，将中国天文历法推进到一个新纪元；又在中国古代流行的时间最长，而且也为日本、朝鲜等国所用，影响广泛。许衡

---

[1] 宋濂：《元史》卷一百五十八《许衡传》，中华书局，1976年。
[2] 宋濂：《元史》卷一百五十七《刘秉忠传》，中华书局，1976年。
[3] 宋濂：《元史》卷一百五十七《张文谦传》，中华书局，1976年。
[4] 宋濂：《元史》卷十一《世祖纪八》，中华书局，1976年。

在制定《授时历》的过程中不仅有主持之功,而且亲自负责了推明历理、参酌旧历、比较损益的工作,史载"凡研究天道,斟酌损益者,悉付教领之"[1]。许衡于新历完成后,终因年高多病,于至元十七年还乡,至元十八年(1281年)因病情日重,医治无效而去世。许衡去世后,元廷赐予他很高的荣誉,"大德元年,赠荣禄大夫、司徒,谥文正。至大二年,加正学垂宪佐运功臣、太傅、开府仪同三司,封魏国公。皇庆二年,诏从祀孔子庙廷"[2]。

纵观许衡在元初的政治实践,虽因元朝统治者对推行汉法、任用儒臣的左右摇摆,也因他本为纯儒,不善权术的性格特点,他在政坛数起数伏,政治抱负未能完全实现,然而他仍利用每次入朝参政的机会,以"建皇极,立民命,继绝学,开太平"[3]为己任,挺立朝纲,献言建极,为元朝的立国规模和长远发展奠定了坚实的基础。他的政治贡献和影响极大,主要体

---

[1] 杨桓:《太史院铭》,载苏天爵编《元文类》卷十七,《四部丛刊初编》本。

[2] 宋濂:《元史》卷一百五十八《许衡传》,中华书局,1976年。

[3] 欧阳玄:《许文正公神道碑》,载《鲁斋遗书》卷十三《附录》。

现在三个方面：一是他为元朝提出"行汉法"的政治目标和施仁政、办学校、任贤材、求民心、重农桑、轻赋敛、杜奸邪等一系列政治措施。这些政治蓝图和策略，虽经阿合马等权佞多方抵制而不能全面贯彻，但通过他和一批儒臣的据理力争，仍然取得一定的成效，对于稳定元初的政治局面，恢复元初的社会经济发挥了作用，也对元代政治的发展产生了深远的影响。比如，元中期仁宗恢复科举；英宗奉行儒治，制定《大元通制》；泰定帝开经筵、讲儒学；文宗大兴文事，整顿吏治，编纂《经世大典》，等等，都与元初许衡"行汉法"的政治纲领和一系列政治规划有密切的关系。因此，清人黄宗羲、全祖望等称许衡为"元所藉以立国者也"[1]。二是许衡与刘秉忠、张文谦等人为元朝制定的礼仪、官制等一系列典章制度，"于是我元之宏规，有非三代以下有国家者之可及矣"[2]。这些典章制度不仅对于元朝国家机器的建设和政治秩序的规范发挥了作用，更重要的是将儒家政治文明的内涵以制度

---

[1] 黄宗羲：《宋元学案》卷九十一《静修学案》，全祖望补修，陈金生、梁运华点校，中华书局，1983年。

[2] 欧阳玄：《许文正公神道碑》，载许衡《鲁斋遗书》卷十三《附录》。

的形式固化下来，为行汉法的实施开辟了道路。三是许衡为元朝培养了大批杰出的政治人才，其"高第弟子，彬彬辈出，致位卿相，为代名臣"[1]。据统计，与许衡的直接培养相关的生徒有四十多位，其中官至宰执者有十人之多。这些门生弟子成为元朝政治的栋梁之材，在元代的中央和地方政治统治中发挥了积极作用。同时又因他们承学于许衡，受儒学文化和许衡的政治理念影响至深，因此成为推行汉法、儒治的重要力量。上述种种，皆可见许衡在元初的政治实践，对元朝政治体制的建设、社会稳定和经济恢复，对多民族统一国家的民族团结和进步作出了重要的贡献。

二、对历史盛衰变化之理的思考

古往今来对于历史的认识，总是有一个基本的看法，比如，历史是如何运动的，历史为什么是这样或那样地运动，是什么在其中起了决定的作用？这是历史观的问题。许衡历史思想的一个重要内容，就是

---

[1] 欧阳玄：《许文正公神道碑》，载许衡《鲁斋遗书》卷十三《附录》。

从理学的基本命题出发，对历史盛衰的原因展开理性思考。

理学的核心是理，以理或天理作为宇宙本体是宋元理学最基本的命题。许衡继承了宋代理学的思想原则，以理作为其哲学的最高范畴，他说："太极之前，此道独立。道生太极，函三为一，一气既分，天地定位。"[1] 道是最先存在的本体，道生太极，太极包含天、地、人三才，故太极又可生天地万物。他所说的"道"，就是"理"。"只有一个理，到中间却散为万事，如达道达德九经三重之类，无所不备。"[2] 理作为绝对的本体，它决定了事物产生的"所以然"和发展的"所当然"，"其所以然与所当然，此说个理"[3]。"所以然"是指事物发生的本原和根据，"所当然"是指事物发展的规律和法则。许衡正是从理出发，探求万事万物的"所以然"和"所当然"，并依据所处时代的客观条件，形成了自己独立的历史观。

首先，许衡看到历史过程中运动变化的必然性。

---

[1] 许衡:《鲁斋遗书》卷九《稽古千文》，明万历二十四年（1596年）刻本。
[2] 许衡:《鲁斋遗书》卷二《语录下》。
[3] 许衡:《鲁斋遗书》卷一《语录上》。

第六章　许衡的政治实践与历史观念

他说:"尝谓天下古今一治一乱,治无常治,乱无常乱,乱中有治焉,治中有乱焉。乱极而入于治,治极而入于乱。乱之终,治之始也;治之终,乱之始也。"[1]这种一治一乱,治极而乱,乱极而治的历史观包含了相互对立、相互转化的辩证法因素,而这样的辩证法因素又与他论阴阳消长,"消之中复有长焉,长之中复有消焉"[2]的思想密切相关。因此,许衡观察社会历史运动时,就能注意到治乱双方是对立统一、相互依存,"乱中有治,治中有乱"的关系。它们的相互转化,是一个渐进转换、由量变到质变的过程,"世谓之治,治非一日之为也,其来有素焉";"世谓之乱,乱非一日之为也,其来有素焉"。总体来说,许衡看待历史过程中运动变化的眼光是辩证的,他能清晰地意识到社会历史一治一乱的运动过程。

社会历史总是由治而乱、由乱而治不断交替的,然而是什么原因造成这种变化呢?其中的"所以然"和"所当然"是什么呢?许衡曾尝试对此进行解释,他说:

---

[1]　许衡:《鲁斋遗书》卷九《与窦先生》。
[2]　许衡:《鲁斋遗书》卷六《阴阳消长》。

> 治乱相寻,天人交胜。天之胜,质掩文也;人之胜,文胜质也。天胜不已则复而至于平,平则文著而行矣……人胜不已则积而至于偏,偏则文没不用矣……析而言之,有天焉;有人焉。究而言之,莫非命也。命之所在,时也;时之所向,势也。势不可为,时不可犯,顺而处之,则进退出处、穷达得失莫非义也。古之所谓聪明睿智者,唯能识此也。所谓神武而不杀者,唯能体此也。[1]

在这里,许衡以一套"天人交胜"的道理来解释治乱相寻之"所当然",他继承司马迁"一质一文,终始之变"的说法,把尚质、尚文作为不同的社会特征。他认为,天是尚质的,人是尚文的;天胜则质掩文,乱世渐"平"而转为治世;治世尚文,于是文胜质、人胜天,治世渐"偏"而转为乱世,这便是一治一乱的变化规律。应该说,许衡对于治乱相因的分析是具有辩证因素的;但是他将治世乱世"所以然"的探究归结为"莫非命也",认为人们只要尚质无为、顺从

---

[1] 许衡:《鲁斋遗书》卷九《与窦先生》。

第六章 许衡的政治实践与历史观念

于天，就可达于治世，从而把人的主观能动作用看成无用甚至有害，则是明显的缺陷。在这一段文字中，他用了天、人、文、质、命、时、势等许多概念，显得比较混乱。其实，所谓的天、命、时、势，他这里说的是表里相关的一回事，总的意思是要说明"天命"对于历史治乱的决定意义。

应该指出，许衡的天命史观又与以往空洞虚诞、依靠天命神意、五行灾祥进行说教的天命观不同，他的天命观重在强调封建纲常秩序的合理性，是以理学王道德治的政治目标来衡量治世或乱世的；王道德治要靠人来实现，因此许衡的天命史观其实也不完全排斥人事，这一点在下边的相关问题中还有详细的分析。这里可以看出，许衡虽将治乱成因归于"天命"，但他毕竟联系到社会变动中的"时"与"势"，他主张人之所为要顺应时势、合乎时宜的思想是合理的。尤为重要的是，他能论史而求理，注意探索历史运动的法则和历史变化的成因，尽管其结论终归错误，但这种哲学思考对于元代历史观的纵深发展是十分有益的。

三、"王道德治"与"爱心公心"的盛衰历史标准

许衡历史观所折射出来的理学色彩还有很突出的一面,就是以是否实行王道德治作为治乱盛衰的历史标准。

王道和德治是儒学古老的命题,早在孔子时就提出"为政以德"[1]的政治构想,主张以道德标准作为政治统治的指导方针。从德治的要求出发,孔孟提倡推行"王道",以德治国,以仁义治理天下。与王道相反,先秦法家提出了"霸道"的政治模式,即凭借威势,利用权术、刑法来达到统治的目的。元代学者基本继承了朱熹的王道德治学说,在宋代史学总结"德政"治国、"礼义"兴邦等历史经验的基础上,进一步以王道德治为标准考察历史的盛衰治乱,更为系统地阐述了王道德治对于治世兴邦的实质意义和重要作用。应该看到,元代思想家、政治家的王道德治理论并不是对程朱理学的简单继承,它的思考与发展是与元代特

---

[1]《论语·为政》,岳麓书社,1991年。

第六章　许衡的政治实践与历史观念

定的社会环境有紧密联系的。一方面，它是元初儒臣劝导元朝统治者改变蒙古时期多事武功、残酷杀掠政治方针的理论基础；另一方面，元代王道德治理论在理学领域和史学领域的总结发展，也适应了元朝中期统治者重视"文治"的需要。

许衡王道德治的历史盛衰观包含若干内容。第一，是从历史考察的角度誉"王"毁"霸"，强调王道德治为治世之坦途，霸道是乱世的祸端。他曾纵论春秋五霸相争的历史，极言王道式微、霸道横行之弊端，然后总结说：

> 世之诋霸者，犹以尚功利为言，殊不知霸者之所为，横斜曲直莫非祸端。先儒谓王道之外无坦途，举皆荆棘；仁义之外无功利，举皆祸殃。[1]

只有王道德治才是达到盛世的唯一坦途，除此之外，"举皆荆棘""举皆祸殃"。由此看出，他誉"王"毁"霸"、以王道为治世标准的态度是非常明确的。他还认为，霸道这种政治模式的问题不仅仅是追求功

---

[1] 许衡：《鲁斋遗书》卷八《子玉请复曹卫》。

利，而且是存在于国家政治的方方面面，触处皆成祸端，因此单从功利角度去批评霸道是远远不够的。他一面深责霸道，另一面则将王道德治抬高到至理至善的地位，他说："唯仁者宜在高位，为政必以德，仁者心之德，谓此理得之于心也。"[1]"诚敬之德是以感人，不用偿赐人而人自然相劝为善，亦不用嗔怒人而人自然畏惧不敢为恶。"[2]按照他的说法，王道德治从感化入手，自可人心咸服，无往不胜了。许衡的这些思想成为元代史学从王道德治出发总结历史盛衰经验的基调。

第二，突出"仁政"这一王道德治的核心。元代史臣、儒士针对蒙古统治者在长期征战中对社会生产造成破坏、给人民带来灾难等问题，为帮助元朝统治者从征战杀掠的武功转移到施行德治、巩固封建统治秩序的轨道上来，在总结历史上王道德治的经验时，突出了以"仁政"为核心的思想。比如，许衡就借用《易大传》的内容，提出了"元"即"仁"的观点。《周易·乾卦·文言》在解释卦辞"元亨利贞"四字时曰："元者，

---

[1] 许衡：《鲁斋遗书》卷二《语录下》。
[2] 许衡：《鲁斋遗书》卷五《中庸直解》。

善之长也。亨者,嘉之会也。利者,义之和也。贞者,事之干也。君子体仁足以长人,嘉会足以合礼,利物足以合义,贞固足以干事。君子行此四德者,故曰:乾,元亨利贞。"这段文字的主要意思是说,"元亨利贞"代表着"仁礼义正"四德,君子能行四德便可大吉。许衡巧妙地抓住了"元"与"仁"相配并称的关节点,用以阐述行"仁政"便得治世的思想。他说:

> 仁为四德之长,元者善之长。前人训元为广大,直是有理。心胸不广大,安能爱敬?安能教思无穷,容保民无疆?仁与元俱包四德,而俱列并称,所谓合之不浑,离之不散。元者四德之长,故兼亨、利、贞;仁者五常之长,故兼义、礼、智、信。[1]

应该看到,许衡煞费苦心地寻绎经典、反反复复强调"仁"与"元"的密切关系,绝非一般的解经说义,而是意在暗喻:元朝仁政,是早在圣贤经典中就有了

---

[1] 许衡:《鲁斋遗书》卷一《语录上》。

定数的。当然，许衡没有停留于引经据典的说教，他又从历史总结的角度，多方阐明了为君治国推行"仁政"的重要。他说："孔子道：'一家仁，一国仁。'如尧帝、舜帝行仁，天下皆行仁；桀王、纣王不行仁德，政事暴虐，待教天下行仁，百姓每怎生行得仁？"[1]不仅五帝三代时如此，秦汉的历史亦然，"秦楚残暴，故天下叛之；汉政宽仁，故天下归之"[2]。许衡从历史盛衰的正反结果立论，提倡以"仁政"为治国之本，这对于元朝稳定统治秩序、推动多民族统一国家向前发展，是具有重要意义的。因此苏天爵说："昔我世祖皇帝既定天下，淳崇文化……而文正（许衡）之有功于圣世，盖有所不可及焉。"[3]

第三，如何才能更好地实行王道德治呢？许衡运用理学的心性学说，在社会历史领域里，阐明了一系列正君心、求民心的思想。他继承了朱熹在社会政治

---

[1] 许衡：《鲁斋遗书》卷三《大学要略》。
[2] 许衡：《鲁斋遗书》卷七《时务五事》。
[3] 苏天爵：《滋溪文稿》卷五《伊洛渊源录序》，陈高华、孟繁清点校，中华书局，1997。

第六章　许衡的政治实践与历史观念

和历史领域的心性学说，认为三代帝王心术正，天理流行，故成王道盛世，后世帝王先要正君心，方能治天下。因此，他强调人君担天下重任，要正身心，不可贪图享乐，务必勤勉谨慎，许衡说：

> 盖天以至难任之，非予之可安之地而娱之也。尧舜以来，圣帝明王莫不兢兢业业，小心畏慎，日中不暇，未明求衣，诚知天之所畀，至难之任。[1]

君王不仅要勤勉，还要"小心畏慎"，畏慎的理由一方面是因为天下大事乃"至难之任"，须小心对付；另一方面当然是要小心自己的言行，因为"一句言语有差失足以败坏了事，人君一身行得好时，便可以安定其国"[2]。人君的身心言行关系到国家的成败，关系到天下风气的好坏。

那么，人君如何在复杂的环境下坚持"正心"，"正心"的基本内容又是什么呢？仍在戎马倥偬、四方未定的元朝初年，许衡就从历史观察的角度，为忽必烈

---

[1] 许衡：《鲁斋遗书》卷七《时务五事》。
[2] 许衡：《鲁斋遗书》卷四《大学直解》。

提出了"正君心"的基本内容和治国方略。其曰:

> 古今立国规模虽各不同,然其大要在得天下心。得天下心无他,爱与公而已。爱则民心顺,公则民心服,既顺且服,于为治也何有。然开创之始,重臣挟功而难制,有以害吾公,小民杂属而未一,有以梗我爱,于此为计其亦难矣。自非英睿之君,贤良之佐,未易处也。势虽难制,众虽未一,必求其所以一。前虑却顾,因时顺理予之、夺之、进之、退之,内主甚坚,日戛月摩,周还曲折,必吾之爱、吾之公达于天下而后已。至是则纪纲法度施行有地,天下虽大可不劳而理也。[1]

许衡的治国方略简要明确,说到底就是以爱心和公心得天下心,他认为这个"爱"和"公"就是君心所应具有的基本内容。所谓"爱",便是爱民,"为人上的爱养那百姓,每当如那慈母保爱小儿一般"。许衡还把"爱"和"仁"联系在一起,他说:"仁者性之

---

[1] 许衡:《鲁斋遗书》卷七《时务五事》。

至而爱之理也，爱者情之发而仁之用也。"这么说，爱就是仁，就是仁爱之心。

"爱"归于仁，那么"公"是什么呢？许衡说：

> 公者，人之所以为仁之道也……仁者，人之心所固有，而私或蔽之以陷于不仁。故仁者必克己，克己而公，公则仁。

根据他的说法，"公"就是要克己之私欲以行仁，因此"公"也即仁。许衡将爱心和公心都归结于仁，这就正如他所说过的，"为人君止于仁，天地之心仁而已矣"[1]。爱心、公心归于仁，说明"正君心"的目的是要人君行仁政。这样，许衡在社会历史领域的"正君心"思想就和他所主张的以王道德治为盛衰标准的思想达成一致，从而形成合乎逻辑发展的完整体系，即人君有爱心和公心，便能施行仁政，仁政得以实施，自可臻于盛世。应该看到，许衡这些历史思想的阐发，不仅是对宋儒理学思想的继承和发展，而且

---

[1] 许衡：《鲁斋遗书》卷一《语录上》。

是元初政治形势的迫切需要，因此他在论述"正君心"的基本内容后，特别分析了开国之初，"重臣挟功而难制""小民杂属而未一"等困难环境，强调人君在恶劣环境中修身"正心"需"内主甚坚"，要有"日戛月摩，周还曲折，必吾之爱、吾之公达于天下而后已"的毅力。由此看来，他对于开国之君和守成之君的"正心"环境和要求是有不同设定的。

许衡提出以爱心、公心得天下心，而天下心即民心。因此，他在讨论"正君心"的时候，常常把能否"得民心"看做是否"正君心"的标准。他说：

> 必知古者《大学》之道，以修身为本，凡一言也，一动也，举可以为天下法；一赏也，一罚也，举可以合天下公，则亿兆之心将不求而自得，又岂有失望不平之累哉？奈何此道不明，为人君者不喜闻过，为人臣者不敢尽言，合二者之心，以求天下之心，则其难得亦固宜。[1]

---

[1] 许衡：《鲁斋遗书》卷七《时务五事》。

他把民心得失作为君心正否的标准,君心正则民心不求自得;君心不正则民心欲求亦难。他还用历史事实来证明这种联系的必然性,比如秦失民心,是由于始皇残暴,"秦之苦天下久矣";汉得民心,尤其文帝时更是人心翕然,为什么呢?他分析道:

> (文帝)专以养民为务。其忧也,不以己之忧为忧,而以天下之忧为忧;其乐也,不以己之乐为乐,而以天下之乐为乐。今年下诏劝农桑也,恐民生之不遂;明年下诏减租税也,虑民用之或乏。恩爱如此,宜其民心得而和气应也。[1]

许衡在这里想着重说明汉文帝能得民心,是由于君心正,他以天下之忧为忧,以天下之乐为乐,关爱民生民用,所以宜其得民心也。

总的来说,许衡历史思想中的心性说将"得民心"和"正君心"联系起来,使"得民心"这一儒家政治理论的理想目标有了更为具体的实施内容;另外,将民

---

[1] 许衡:《鲁斋遗书》卷七《时务五事》。

心得失作为"正君心"的检验标准,也是从心性学说的角度对统治者进一步提出了重民的要求,这是它具有积极意义之处。

第四,强调伦理纲常是决定历史盛衰的基础。儒家的纲常名分思想是王道德治理论的根基,宋元理学把这种纲常名分的等级秩序上升为天定的自然秩序,是"不易之理"。许衡说:"天尊地卑,乾坤定矣,贵贱位矣。在上者必尊之,然后事可得而理。为君长,敬天地、祖宗、鬼神;为百执事,敬事君长;此不易之理也。舍此便逆,便不顺。"[1]他强调上尊下卑的关系是一种不可改变的理的规定,违反这种规定就会出现逆乱。为了更详尽地说明纲常名分对历史盛衰的决定作用,他还说:

> 自古及今,天下国家惟有三纲五常,君知君道,臣知臣道。则君臣各得其所矣。父知父道,子知子道,则父子各得其所矣。夫知夫道,妇知妇道,则夫妇各得其所矣。三者既正,则他事皆

---

[1] 许衡:《鲁斋遗书》卷二《语录下》。

第六章 许衡的政治实践与历史观念

可为之。此或未正,则其变故有不可测知者,又奚暇他为也。[1]

许衡总括古今历史,论证只有三纲五常正才可为国为政,否则"其变故有不可测知者",更何谈有治世安邦。许衡的观点颇具代表性,元中期的儒臣虞集对此也有类似的阐释,他归纳《春秋》经传所述史实说:"《春秋》道名分,实尽性之书也。分上下不辨,则民志不定,乱之所由生也。必君君臣臣、父父子子、夫夫妇妇之分定,则王道行矣。"[2]他把维护三纲五常的名分等级看成是推行王道的基本保证,只有尊卑上下之位分辨清楚,各行其常,王道才能实行,天下才能得治,否则民志不定,便会生乱。元末编撰辽、金、宋三史时也特别注意突出纲常名分在历史盛衰中所起的重要作用,认为"贵贱位而后君臣之分定,君臣之分定而后天地和,天地和而后万化成"[3]。为了

---

[1] 许衡:《鲁斋遗书》卷一《语录上》。
[2] 虞集:《道园学古录》卷三十一《送饶则民序》,《四部丛刊初编》本,上海书店出版社,1989年。
[3] 脱脱等《辽史》卷一百一十二《逆臣传上》,中华书局,1974年。

"扶纲常，遏乱略"[1]，三史分别用大量的篇幅设立《忠义传》《逆臣传》《叛臣传》和《奸臣传》，强调"天尊地卑""贵贱位矣""君臣之分定"，以纲常伦理、君臣大义等道德价值为标准，褒贬善恶，以为治乱兴衰之戒。

许衡在总结王道德治历史盛衰标准时，一方面通过强调"仁政"，肯定了历史上施行仁政的积极作用，揭露了封建制度不仁的弊端；一方面结合历史事实，讲"正君心"而"得民心"之要，发挥了儒家的重民思想，对君王提出了严于律己的要求。这些不仅有助于从历史观上逐步认识社会盛衰治乱的原因，也为元朝政治向好的方面转化提供了有益的借鉴。然而，许衡在强调王道德治历史意义的同时，仍然未能走出理学社会观中"三代胜于汉唐"的思想误区；在强调德治仁政和人的历史作用的同时，却又常常偏离历史实际，陷入理学以道德评判标准衡量一切社会问题的错误逻辑，最终得出天理纲常支配历史盛衰的唯心结论，这也是他积极的历史思想中存在的某些局限。

---

[1] 脱脱等《宋史》卷四百七十五《叛臣传上》，中华书局，1977年。

四、总结"通变以合理"与"行汉法"的历史经验

通变思想是中国史学家和思想家对于思想界的一个突出贡献。通是连接、联系和因依,变是运动和变化;通与变两者结合起来成为一个范畴,说明了事物不断变化的基本原则以及事物从一个方面向另一个方面转化时对立双方互相联系、可以因势利导的条件。通变思想的重要意义在于说明了历史过程中运动变化的必然趋势以及人们在变化过程中因势而行、发挥主观能动作用的可能性。《周易》最早提出了中国古代的通变思想,它说:"刚柔相推,变在其中矣。""易,穷则变,变则通,通则久。"[1]它强调变的普遍性和通的必要性。《周易》的通变思想在司马迁的《史记》和后来的史学家、思想家中得到贯彻和发展。

许衡的历史思想中具有鲜明的通变史观。他在理学认识的基础上,从求理与合理的要求出发,提出了通变以合理的思想。许衡在探求历史盛衰之理时,虽

---

[1] 《周易·系辞下》,《十三经注疏》本,中华书局,1980年。

然表现出明显的天命史观色彩，但从总的思想认识来看，他并不认为人在历史运动过程中是完全被动和无所作为的，而是认为，在合理的前提下，人们只要以通变精神行事，是可以发挥历史作用的。许衡说：

> 五帝之禅，三代之继，皆数然也。其间有如尧舜有子之不肖，变也。尧舜能通之以揖逊，而不能使己之无丹朱、商均。汤武遇君之无道，变也。汤武能通之以征伐，而不能使夏商之无桀、纣。圣人遇变而通之，亦唯达于自然之数，一毫之己私无与也。[1]

他认为社会历史过程具有规律性和必然性，这便是"数"。所谓"数"其实就是决定事物发展"所以然"和"所当然"之"理"。"变"是变异，历史的变动发展过程是不以人的意志为转移的，就如尧舜不能避免不肖之子，汤武不能避免无道之君一样。但是在历史变动转化的大势下，人又不是完全束手

---

[1] 许衡：《鲁斋遗书》卷一《语录上》。

无策的,他们可以顺应社会变动的趋势,"遇变而通之",推动社会向着有利的方向转化。尧舜通过禅让,保证了五帝时期盛世的延续;汤武发动对桀纣的讨伐,分别建立了强大的商朝和周朝。许衡在列举历史上遇变而通的事实时,特别强调了通变的依据在"达于自然之数",也就是说,通变不能杂以"一毫之己私",不是在个人意愿驱使下的盲目行动,而是顺应发展大势的合"理"变革。许衡通变以合理的思想指出了社会历史变化的绝对意义,同时也说明了人们在"理"的规范下,顺应潮流、及时变革的重要作用。他的历史观不仅是观察历史的思想,又是思考时代变革的观点,特别是在元朝这样一个民族新组合、社会大变革的时代,这种思想显得尤其可贵。

从通变史观出发,许衡总结历史经验,结合当时的社会实际,向元朝统治者阐述了"行汉法"的必要性和具体内容。应当指出,许衡总结"行汉法"的历史经验,是以民族平等的思想为基础的。早在中统之前,许衡就追随忽必烈,后虽因王文统的排挤几进几退,但他对当时的政治形势和历史背景一直有深入的思考和分析,对于蒙汉之间的民族关系也有比较正确

的看法。他以同父母兄弟间的争吵为喻,批评民族间的分裂与隔阂。他说:

> 元者善之长也,先儒训为大,徐思之意味深长。盖不大则藩篱窘束,一膜之外,使为胡越,其乖隔分争,无有已时何者。所以善大,则天下一家,一视同仁,无所往而不为善也。二小儿同父母兄弟也,或因小事物相恶骂,即咒其爷娘令死,不知彼父母亦我父母也。[1]

这里从"至元"或"元朝"的"元"入手训释引申,表达了不分胡越、民族团结,天下一家、一视同仁之义,浅显明了而蕴意深刻。许衡正是在"天下一家""一视同仁"等民族平等的思想基础上,决意辅助崇礼好儒的忽必烈积极推行汉法的。在忽必烈第四次召见他时,许衡经过深思熟虑,在长篇奏疏中引古证今,从历史的角度论述了"行汉法"的必要性和重要意义。他说:

---

[1] 许衡:《鲁斋遗书》卷二《语录下》。

第六章　许衡的政治实践与历史观念

> 国朝宇土旷远，诸民相杂，俗既不同，论难遽定。考之前代，北方奄有中夏，必行汉法，可以长久。故魏、辽、金能用汉法，历年最多，其他不能实用汉法，皆乱亡相继，史册具载，昭昭可见也。国朝仍处远漠，无事论此，必若今日形势，非用汉法不可也。陆行资车，水行资舟，反之则必不能行。幽燕以北，服食宜凉，蜀汉以南，服食宜热，反之则必有变异。以是论之，国家当行汉法无疑也。[1]

首先，许衡认为国朝土宇辽阔，民各有俗，孰优孰劣，实难论定，这是从平等的眼光来看待民族风俗的差异。但是如果从政治制度来讲，即"奄有中夏，必行汉法"，为什么呢？他以历史事实为证，指出北魏、辽、金等朝能用汉法，于是"历年最多"；相反，不用汉法者，"皆乱亡相继"，这种事例，不胜枚举，十六国时除前秦之外，不行汉法诸国无不短祚。因此，行

---

[1] 许衡:《鲁斋遗书》卷七《时务五事》。

不行汉法关系到国家兴亡，其重要意义岂非"昭昭可见也"。接着，许衡又从一般事理深入浅出地说明"行汉法"的必要性。他指出，国朝远在漠北时，自可不用汉法；但如今"奄有中夏"，就不能用原来统治蒙古部落的方法来统治中原汉族的广大地区了。其中道理就如陆路靠车子、水路靠舟船，北食凉性、南食热性一样，适者能行、适者生存；如果违反事理，不仅行不通，而且可能出现"变异"。许衡的分析是符合当时历史的客观实际的，由于蒙古族从漠北兴起的时间还不太长，虽然他们在较短的时间内基本完成了封建化，但还存在着奴隶制残余，相比中原和江南积累千余年的政治、经济和文化水平来说，蒙古族的各个方面还是比较落后的。如果一定要按照原来的生活方式和生产方式来管理汉族统治区，如"悉空其人以为牧地"，将中原已有的先进农耕生产技术退回到生放的游牧生产；或者"孥人妻女，取财货，兼土地"[1]，将原本有较多人身自由的封建农民驱掠为奴；或者仍以简单的千户、断事官制度代替宋金已有的百官制度，应付日理

---

[1] 宋濂：《元史》卷一百四十六《耶律楚材传》，中华书局，1976年。

第六章　许衡的政治实践与历史观念

万机的军政事务和民事诉讼,这不仅行不通,而且必然引起汉地人民强烈的不适应和反抗,出现所谓的"变异"和动荡,其结果不但会使中原地区的历史倒退,也会使蒙古族业已取得的封建化成果丧失殆尽。北魏、辽、金的历史证明,落后民族在征服先进民族以后,如果能在发挥本民族特长的基础上,大力吸收中原汉族的先进制度和文化,则不仅能使本民族的文明程度大大提高,而且可以促进多民族统一国家的不断进步和长治久安。所以,许衡在吸取历史经验的基础上,提出"行汉法"的主张是符合蒙元社会发展的实际状况、有益于蒙汉等多民族文化的不断融合与共同提高的。

当然,许衡也充分考虑到民族习惯势力对于变易旧章、施行汉法的阻挠,注意到不同民族文化之间的磨合需要一个过程,不能急于求成:

> 然万世国俗,累朝勋贵,一旦驱之下从臣仆之谋,改就亡国之俗,其势有甚难者。苟非聪悟特达,晓知中原历代圣王为治之地,则必咨嗟,怨愤喧哗,其不可也。窃尝思之,寒之与暑,固为不同,然寒之变暑也,始于微温,温而热,热

而暑，积百有八十二日，而寒气始尽。暑之变寒，其势亦然。山木之根，力可破石，是亦积之一验也。苟能渐之摩之，待以岁月，心坚而确，事易而常，未有不可变者。[1]

许衡预计到让蒙古"累朝勋贵"接受变易"万世国俗"、施行"亡国之俗"的改革，"其势有甚难者"。事实上，"汉法"的推行是遇到极大阻力的，守旧的蒙古贵族总是念念不忘"旧章"，他们反对儒术，"屡毁汉法"。[2]一些西北藩王曾气势汹汹地责问忽必烈："本朝旧俗与汉法异，今留汉地，建都邑城郭，仪文制度，遵用汉法，其故何如？"他们公开把尊崇儒术的主张贬为"诡滥"。[3]那么如何解决这些问题呢？许衡认为，首先要看到事物的转变总是有一个过程的，他以"寒之变暑"为例，说明了事物的变化由量变到质变的渐进过程，带有朴素辩证法的眼光。其次，他要求蒙古统治者在"行汉法"的渐进过

---

[1] 许衡：《鲁斋遗书》卷七《时务五事》。
[2] 宋濂：《元史》卷一百五十八《许衡传》。
[3] 宋濂：《元史》卷一百二十五《高智耀传》。

第六章 许衡的政治实践与历史观念

程中,要有"渐之摩之,待以岁月,心坚而确"的态度,坚持不懈,以达其成。按照他的考察,"以北方之俗,改用中国之法,非三十年不可成功",然而,只要"笃信而坚守之",则"致治之功,庶几可成也"[1]。移风易俗,乃至政治、经济的各种制度,甚至思想观念的转变,不可能一蹴而就,是需要长时间的逐步转化,需要足够的耐心和恒心。因此,许衡主张采取长期的、渐进的方式来施行"汉法",是符合当时实际情况的,是对于不同民族间文化交融过程的客观总结。

所谓"汉法",并不仅仅指中原的汉官礼仪制度,实质上是指与中原地区发达的封建经济基础相适应的上层建筑。为了在新的历史条件下完善这个上层建筑,当时的儒士从各个方面为蒙元统治者的"行汉法"提出了许多具体制度和措施,这些制度和措施,确有大部分集中了中原地区王朝统治的先进历史经验,有益于治世。许衡在向忽必烈奏请"行汉法"的《时务五事》中,就以史为鉴,总结了"立国规模""中书大要""为

---

[1] 许衡:《鲁斋遗书》卷七《时务五事》。

君难六事""农桑学校""慎独"等五事十几项措施，包括了上层建筑的许多方面。例如，他要求蒙元统治者为君要先"修德"，"从古者《大学》之道，以修身为本，凡一事之来，一事之发，必求其所以然与其所当然"，以德治为指归。他指出历史上"秦楚残暴，故天下叛之；汉政宽仁，故天下归之"，因而统治者要注意"养民"，只有"养民"才能得民心，进而真正拥有天下。他特别提倡君相治道重"农桑"和"学校"，以为重农桑使民有"仓库之积"，重学校使民知"父子君臣之大伦"，这两条是"自古圣君贤相平天下之要道"，"能是二者，则万目皆举；不能此二者，则他皆不可期也"。他说这个道理出自《尚书》的《尧典》《舜典》，以史为证，"参诸往古，而往古贤圣之言无不同；验之历代，而历代治乱之迹无不合"。许衡所总结的如"修德""养民""农桑""学校"等历史经验，充分体现了中原汉法治道的精粹，对于蒙元的国家建设显然有极为重要的实践意义。

要言之，许衡的通变史观及其从历史总结中提出的"行汉法"主张，反映了他历史思想的积极性。他的这些历史思想，以务实、通变的态度，通过总结历史经验，为化解民族矛盾、促进民族合作找到了比较合适的途径。这不仅有益于蒙汉等多民族文化的不断融合与共同提高，对于元朝多民族统一国家的建设也发挥了积极的促进作用。

第七章　论胡三省的史学思想和文献考辨方法

宋末元初史学家胡三省以毕生精力所作的《资治通鉴音注》，是中国古代最杰出的史注巨著。此后，他又撰写了《通鉴释文辩误》。在这两部有关注释《通鉴》的著作中，蕴含了胡三省丰富的史学思想和文献考辨的方法论。

胡三省（1230—1302），字身之，号梅涧，浙江宁海人。胡三省继承父亲遗命，立志史学时，年仅15岁。宋理宗宝祐四年（1256年），他26岁时便与文天祥、谢枋得、陆秀夫等同科中了进士。曾任吉州泰和县尉，庆元慈溪县尉，在慈溪时因刚直不阿，得罪了庆元郡守厉文翁而被罢官。此后，又先后出任扬州江都丞，寿春府学教授，江陵县令，怀宁县令。按胡三省《新

第七章 论胡三省的史学思想和文献考辨方法

注资治通鉴序》所述，他校注《通鉴》的工作开始于科举成功的当年，即理宗宝祐四年（1256年）。约于度宗咸淳六年（1270年）到杭州前，仿唐代陆德明《经典释文》体例，完成了《资治通鉴广注》97卷，论10篇。宋度宗咸淳六年（1270年），他因校注《通鉴》的名气，受延平廖氏聘请，"俾雠校《通鉴》以授其子弟，为著《雠校通鉴凡例》"。宋恭帝德祐元年（1275年）因廖氏推荐而跟随贾似道，从军江上，曾上《江东十鉴》，"言辄不用，既而军溃，间道归乡里"。宋恭帝德祐二年（1276年）元军攻陷临安，在避难新昌的路途中，凝结多年心血的书稿不幸在战乱中丢失。南宋灭亡后，胡三省隐居乡中，决不仕元。他在悲痛之余，再购异本，重新校注。这次校注与前次校注不同的是，注文不再独立成书，而是将《通鉴考异》和注文散入相应的正文中，全部工作于元朝至元二十二年（1285年）冬天完成。[1] 由此算来，《资治通鉴音注》的撰写前后用了30年的时间。书稿虽然完成，但是胡三省却没有停歇，直到他去世前都在修订书稿，"诸子以年高不宜为言，

---

[1] 以上见胡三省《新注资治通鉴序》，《资治通鉴》卷首，中华书局，1956年。

则曰吾成此书，死而无憾"[1]。据清人全祖望《鲒埼亭集·胡梅涧藏书窖记》和光绪《宁海县志》卷二十《胡身之墓碑》记载，胡三省的著述除《资治通鉴音注》外，还有《通鉴释文辩误》12卷、《通鉴小学》1卷、文集《竹园素稿》100卷、《江东十鉴》、《四城赋》等等，今仅存前两种，而最有价值的则属《通鉴音注》。

然而，胡三省的生平事迹和重大的历史贡献，却长期被湮没无闻。《元史》无传，《宋元学案》卷八十五《深宁学案》将他列入"深宁门人"之首，而小传仅百余字，并摘附胡三省所撰《新注资治通鉴序》和《通鉴释文辩误序》二文。民国初修的《新元史》也只为他补写了53字的小传。直到20世纪40年代，著名史学家陈垣先生及其弟子周祖谟先生才根据《宁海县志》卷二十《胡身之墓碑》，将胡三省的生平公之于世，陈垣先生更以他的不朽史著《通鉴胡注表微》，一方面介

---

[1] 清光绪《宁海县志》卷二十《胡身之墓碑》。另按，《新注资治通鉴序》言《音注》完成于1285年；而考《通鉴释文辩误后序》则可知《辩误》完成于后，在1287年。然《通鉴》唐高祖四年"襄州道安抚使郭行方攻萧铣都州"有注曰："襄州当作襄州，详见《辩误》。"（《通鉴》中华书局本，5926页）后梁均王贞明四年"吴兵奄至虔州城下"则有注曰："注详见《辩误》。"（《通鉴》中华书局本，8824页）可见《音注》完成后，仍有接续的修订。

绍胡三省注释的成就和民族意识,另一方面则结合胡注的内容,总结中国古代的史学传统,阐发自己的治史经验,并借古喻今,表达爱国情怀。[1] 陈垣《通鉴胡注表微》的成就,后生已不能企及,而《资治通鉴音注》的内容又极其广博,本章拟就《资治通鉴音注》兼及《通鉴释文辩误》二书中的史学思想和文献考辨方法论,略抒己见,以见教于方家。

一、强调经史并重和历史借鉴

宋元之际理学兴起,成为当时许多学者思想认识的基础,胡三省也不例外。理学在历史观、心性论方面对史学思想的积极影响,使人们在考察以往的历史进程时,能够在一个较高的价值层面上展开哲学思考。然而,也有负面的影响,比如,经本史末、重经轻史则是当时许多学者对于经史关系的看法。胡三省却对当时流行的重经轻史思想不以为然,他根据自己对史学的感受和认识,提出了经史关系的独到见解。其曰:

---

[1] 参见拙文《陈垣史学的"记里碑"》,《北京社会科学》,2006年第2期。

> 世之论者率曰:"经以载道,史以记事,史与经不可同日语也。"夫道无不在,散于事为之间,因事之得失成败,可以知道之万世亡弊,史可少欤![1]

他反对经史不可同日而语的意见,认为道无处不在,并不局限于经籍,史因记事而寓道,所以治史也是求道的重要途径。在此,他根据理学"理无处不在"的基本命题,大大扩展了求道的范围,从而提高了史学的地位,表达了经史并重的思想。为了说明经史并重的关系,他列举了孔子序《书》、作《春秋》之起讫,曰:"以此见孔子定《书》而作《春秋》,《通鉴》之作实接《春秋》、左氏后也。"指出《通鉴》之作实接《春秋》经传,暗示孔子序《书》、作《春秋》也是记事,经史并无两样,地位相当。他以《通鉴》一书为例,全面阐述学史对于人生、社会的意义,他说:

---

[1] 胡三省:《新注资治通鉴序》,《通鉴》卷首。以下未注出处者,均见此序。

第七章 论胡三省的史学思想和文献考辨方法

> 为人君而不知《通鉴》，则欲治而不知自治之源，恶乱而不知防乱之术。为人臣而不知《通鉴》，则上无以事君，下无以治民。为人子而不知《通鉴》，则谋身必至于辱身，作事不足以垂后。乃如用兵行师，创法立制，而不知迹古人之所以得，鉴古人之所以失，则求胜而败，图利而害，此必然者也。

在这一段话里，他列举各阶层人物，从各个角度说明不知史则事不可为的必然道理。其精警之处，不仅在于交代他音注《通鉴》的意义，更在于启发世人对史学重要价值的认识。

胡三省经史并重的认识与其学术渊源密切相关。《宋元学案》将胡三省归入《深宁学案》，以他为王应麟（深宁）的门生。王应麟综罗文献，撰有《困学纪闻》这一考史论史名著；全祖望在《深宁学案》中又说，王应麟"独得吕学之大宗"[1]。吕，即吕祖谦，撰有《大事

---

[1] 黄宗羲：《宋元学案》卷八十五《深宁学案》，全祖望补修，陈金生、梁运华点校，中华书局，1986年。

记》等史著，治学有"言性命必究于史"的思路，因此胡三省经史并重的思想是与吕、王的治学特点有继承关系的。胡三省重史求道还与他所处的时代环境有关。理学起于宋代，宋儒奢谈心性，却与救国扶世无益，于是他有意于史学求治乱兴衰之"大致"，这也应是一个原因。据胡三省自序，他第一次成稿的《通鉴》新注就包括有"自周迄五代，略叙兴亡大致"的《论》10篇。虽然这些对"兴亡大致"的议论在他第二次成稿时已散见于所注各史文之下，但仍反映了胡氏由史求道的认真思考和良苦用心。

经史并重的思想促使胡三省完成了《资治通鉴音注》这一巨著，从史注中可以看到他在治国方略、为政之道、边防之计、人臣气节和纲常伦理等方面，以史垂鉴、扬善贬恶，凸现了历史借鉴的重要作用。尤其在治国为政方面，他的阐述尤多。

从历史借鉴中，他强调为政勤勉。《通鉴》卷二百七十"后梁均王贞明四年"记五代十国时前蜀国主王衍不亲政事，宠任佞臣。胡三省注曰："有政事则国强，无政事则国衰。衰者亡之渐也，可不戒哉！"指出勤政强国、荒政衰亡的历史教训。为政不仅要勤勉，还要常有忧患意识。《通鉴》卷二百七十三"后唐庄宗同光三年"记南汉主刘䶮闻后唐李存勖灭后梁而统一北方，势力强大，惧其南下攻汉；及使人探得后唐"骄淫无政"后，"汉主大悦，自是不复通中国"。胡注曰："无敌国外患者国恒亡。汉主及知唐之不足惧，奢虐亦由是滋矣。""无敌国外患"本是发展做大的绝好时机，但南汉却从此没有忧患意识，刘䶮及其继承人开始纵奢无度，导致朝政腐败，境内曾爆发张遇贤为首的农民起义，于是国势日蹙，终不能久。

崇儒重文、以德治国，是理学的政治理念。胡三省也特别重视在历史借鉴中阐明儒治的作用，其曰："不有儒者，其能国乎！"[1] 他有鉴于唐初在天下既定之后，唐高祖、太宗对儒士的重视和任用，在《通鉴》卷一百九十二"唐高祖武德九年"的注文中曰："然则欲守成者，舍儒何以哉！"说明以武力得天下，以儒教治天下的历史经验。然而以儒教治天下还要注意对人才的选用，《通鉴》卷一百九十四"唐太宗贞观六年"记载了李世民和魏徵的一个对话："上谓魏徵曰：为官

---

[1] 司马光：《资治通鉴》卷二百七十六"后唐明宗天成三年"注文。

择人，不可造次。用一君子，则君子皆至；用一小人，则小人竞进矣。"胡三省赞同这种看法，特别表注曰："观此，则天下已定之后，可不为官择人乎！"

节俭轻徭、使民不倦，也是治国的重要方略。胡三省在南北朝时中选取了两个典型用以取鉴。一是为政节俭的代表，《通鉴》卷一百一十四"晋安帝义熙元年"记刘裕主政，尚书殷仲文请增朝廷乐舞，刘裕一再拒之。胡三省称为"英雄"，并曰："世之嗜音者可以自省矣。"暗喻南宋朝廷歌舞升平，以失江山。反之，胡三省批评北齐后主高纬贪奢糜费，卖官鬻爵，以致百官竞为贪纵，民不聊生。注曰："史极言齐氏政乱，以启敌国兼并之心，又一年而齐亡。有天下者可不以为鉴乎！"[1] 他认为人君要节俭轻徭，"君德以节俭为贵也"；他以为隋朝的短祚是与"君德"不俭、追求奢糜有密切关系的，隋君的奢费并不始于炀帝，而是在文帝时便初见端倪，因此他对开皇十九年隋文帝幸仁寿宫一事讥讽曰："仁者寿，帝穷民力以作离宫，可谓寿乎？"[2]

---

[1] 司马光：《资治通鉴》卷一百七十二"陈宣帝太建七年"注文。
[2] 司马光：《资治通鉴》卷一百七十八"隋文帝开皇十九年"注文。

第七章　论胡三省的史学思想和文献考辨方法

有鉴于外族入侵、宋朝之亡，胡三省对于历史上国家边防之经略也颇着意，多有取鉴。比如，《通鉴》卷二百六十一"唐昭宗乾宁四年"记王建镇守西川，"蛮人"不敢侵盗。胡三省认为王建颇有"安边之术"，因了知边境外族的情形，善于安抚防患，故"外夷不敢有所侮"。然而，要使边防无虞，重要的还在于国力的强盛。胡三省举唐玄宗开元盛世之际，边防虽有胜负，但最终契丹、奚两蕃仍"相帅来降"之事，认为"中国之势安强，有以服其心志也"。[1]

除治国为政之鉴外，胡三省在臣节方面多强调为人臣守节忠君、守境安民之节；在伦理纲常方面，则宣扬了孝慈悌爱之道。《资治通鉴音注》正是以它在史注中的借鉴史观，为史学地位的不断提升给予了有力的支持。

二、以心性之学求盛衰之理

在元代理学思想认识的影响下，元代史家在史学

---

[1] 司马光:《资治通鉴》卷二百一十一"唐玄宗开元四年"注文。

研究中多注意透过纷繁杂陈的史事，探求历史兴衰治乱之理。胡三省在他一生心血凝聚的史学巨作《资治通鉴音注》中，就没有把《通鉴》注释仅仅看作是文字训释或名物考证的工作，而是通过对史事的分析，在注释文字中融入了他对历史运动过程的深刻思考。他说："物盛而衰,因其理也。"[1] 历史盛衰变化受"理"的支配，理存于史事之中，因此考察历史要善于求理。如何观史以求理呢？胡三省认为看待历史变动时，必须抓住影响盛衰的"大致"，"善觇国者，不观一时之强弱，而观其治乱之大致"[2]。他在分析一些朝代兴衰变化、鼎祚迁移时，特别注意从人心向背以观历史大势，便是他抓历史"大致"的具体体现。

从"君心"看历史的盛衰治乱和不同的发展阶段不难发现，在理学思想的影响下，元代一些重要的史学著作中，可以或多或少地看到心性学说的观念，并且比较集中地反映在从"君心"的角度议论历史事物的变化和发展。胡三省的《资治通鉴音注》就是在司马光重"君心"的基础上，从历史教训方面进一步

---

[1] 司马光：《资治通鉴》卷一百四十九"梁武帝天监十八年"注文。
[2] 司马光：《资治通鉴》卷二百八十六"后汉高祖天福十二年"注文。

第七章 论胡三省的史学思想和文献考辨方法

总结"君心"与盛衰治乱的重要关系。比如，他指出，人君在政治上要居安思危，"古之明主居安而思危，所以能常有其安也"[1]。人君要广开言路、喜闻规过。他对历史上人君暴杀谏官的悲剧提出警告："天子杀谏臣，必亡其国。"[2] 人君要有是非之心，《通鉴》卷二百八"唐中宗景龙元年"记右补阙权若讷上疏，请保留武则天生造的"天、地、日、月"等字，认为这是则天之能事；中宗竟然同意并加以褒奖。则天造字逞能，本为天下所讥，权若讷妄言取宠，而中宗却不辨是非，故胡注曰："史言中宗无是非之心。"除了上述种种，胡三省还认为，人君更要有爱民之心。武则天信佛，她称帝晚年，江淮旱饥，饿死者众，而她仍诏令天下禁屠杀和捕鱼虾；胡三省批评说："后禁屠捕，而杀人如刈草菅，可以人而不如物乎！"[3]

胡三省在《资治通鉴音注》里对"臣心"也有探讨，例如他赞扬唐朝人臣多有"忠义之心"，注曰："唐屡更丧乱，至于广明，举家殉国，犹不乏人，恩义有结

---

[1] 司马光：《资治通鉴》卷二百五十四"唐僖宗广明元年"注文。
[2] 司马光：《资治通鉴》卷二百五十四"唐僖宗中和元年"注文。
[3] 司马光：《资治通鉴》卷二百五"武后长寿元年"注文。

之素也。"[1] 他还谈到人臣的"是非之心",《通鉴》记载唐哀宗时昭义节度使丁会因不满朱温谋杀昭宗而降于李克用,其实朱、李都是反唐藩镇,后来各自立了王朝,随朱归李都是叛唐,并无本质差异,丁会是非不明,故胡三省讥之曰:"'无是非之心,非人也。'丁会其有是非之心者乎?"[2] 胡三省论"臣心"多与臣节相关,这是他刚刚经历了宋元鼎更、有感于易代人臣不同表现的思想反映。

重"民心"的思想是孟子最先提出来的,他说:"桀纣之失天下也,失其民也;失其民者,失其心也。得天下有道,得其民,斯得天下矣。得其民有道,得其心,斯得其民矣。"[3] 民心得失事关天下得失,这是孟子重民思想的出发点。元代学者继承了孟子的这一思想,史学家胡三省就在《资治通鉴音注》中对"民心"与"君心"的关系作了正反两方面的探讨,比如,《通鉴》记五代十国时南唐失政,饥民渡淮而投后周,三

---

[1] 司马光:《资治通鉴》卷二百五十四"唐僖宗广明元年"注文。
[2] 司马光:《资治通鉴》卷二百六十五"唐哀宗天佑三年"注文。
[3] 司马光:《孟子·离娄上》,十三经注疏本,中华书局,1980年。

省论曰:"观民心之向背,唐之君臣可以炭炭。"[1]这是从民心的背离,看南唐政治之衰败。他对于玩弄政治手腕,收买民心的虚假"君心"也作了无情揭露。如西晋羊祜与吴兵对峙,羊祜帅兵不扰吴民,以示晋君怀柔之心;《通鉴》说此乃西晋"务修德信",而胡三省则认为这是羊祜"正以陆抗对境,无间可乘,故为是耳。若曰'务修德信',则吾不知也"[2]。指出晋军为了灭吴,行收揽民心之术。

军事上,胡三省注重点评攻心之策。《通鉴》卷七十"魏文帝黄初六年"记马谡为诸葛亮献计曰:"用兵之道,攻心为上,攻城为下;心战为上,兵战为下,愿公服其心而已。"胡三省评曰:"此马谡所以为善论军计也。"又如汉末,曹操欲取徐州,以为荡平北方的基地;而谋士荀彧认为徐州曾经曹军蹂躏,民无降心,不利占有。胡三省评曰:"徐州子弟既有父兄之仇,必不心服于操,纵破其兵,又不能有其地也。"[3]

经济上,只有与民休息、让利于民,才能得天下

---

[1] 司马光:《资治通鉴》卷二百九十一"后周太祖广顺三年"注文。

[2] 司马光:《资治通鉴》卷七十九"晋武帝泰始八年"注文。

[3] 司马光:《资治通鉴》卷六十一"汉献帝兴平二年"注文。

之心。《通鉴》记载北周后期，杨坚为了篡周，尽革北周宣帝苛酷之政，宽大刑律，朝政躬行节俭，于是"中外悦之"。胡三省说："贾谊曰：'寒者利裋褐，饥者甘糟糠。天下嗷嗷，新主之资也。'古之得天下，必先有以得天下之心。"[1] 说明在经济上为民造福是取得民心的重要举措。

三、阐发强烈的故国思绪和民族意识

在元代一些史著或历史论述中，常有一些学者通过论说史事而流露故国思绪，表现出反对民族压迫的思想，这是元代民族歧视和残酷统治客观事实的反映，因而这种感情是正当的，也自然与一般的狭隘民族情感不同。要求民族平等、反对民族奴役，也是元代进步民族史观的有机组成部分。

胡三省在《资治通鉴音注》中就有许多内容表达了他的民族意识和故国思绪。著名史学家陈垣先生在他的《通鉴胡注表微》中对"胡注"反对民族压迫的思

---

[1] 司马光:《资治通鉴》卷一百七十四"陈宣帝太建十二年"注文。

第七章　论胡三省的史学思想和文献考辨方法

想有深入的分析,陈垣先生说:

> 胡三省亲眼看到宋朝在蒙古贵族的严重压迫下,政治上还是那么腐败,又眼看到宋朝覆灭,元朝的残酷统治,精神受到剧烈的打击。他要揭露宋朝招致灭亡的原因,斥责那些卖国投降的败类,申诉元朝横暴统治的难以容忍,以及自己深受亡国惨痛的心情。因此,在《通鉴注》里,他充分表现了民族气节和爱国热情。[1]

胡三省的《资治通鉴音注》从历史总结和历史评论的角度,从几个方面抒发了他强烈的思想感情。

第一,反对民族压迫,主张民族平等、民族融合。他考察以往的历史,以南北朝史事为例展开议论,认为"不嗜杀"的人君才能统一天下,"不嗜杀人,然后能一天下,孟子之言,岂欺我哉!"[2]这是针对蒙古时期和元朝初期统一战争的滥杀行为而言,希望当朝能够戒杀。他又借史文中对西魏税法过重的记载,讥讽

---

[1] 陈垣《通鉴胡注表微·后记》,科学出版社,1958年。
[2] 司马光:《资治通鉴》卷一百三十二"宋明帝泰始五年"注文。

元初对人民的经济压榨，他说，虽然西魏税重，后周赋税更为繁苛，但是"自今观之，亦不为重矣"[1]。他认为物极必反，沉重的民族压迫必然会引起人民的反抗，所以针对史文中契丹主以为"中国之人"难制的说法反驳曰："中国之人困于契丹之陵暴掊克，咸不聊生，起而为盗，乌有难制者乎！盍亦反其本矣。"[2] 这实际上是对元初人民反抗斗争的支持。胡三省反对民族压迫，但不简单、一概地反对异族统治，他对历史上少数民族政权的一些民族和睦措施和积极的统治政策给予赞扬。比如，他在注文中称赞石勒"不使陵暴华人及衣冠之士"[3]，称许北魏拓跋硅崇文重儒之风尚。[4] 他更希望元朝统一政权能够实行民族平等政策，抚民爱民，因此借北魏兼并刘宋淮北数州的史实，论述道："荀卿有言：'兼并易也，坚凝之难。'魏并青、徐，淮北四州之民未忘宋也。惟其抚御有方，民安其生，不复引领南望矣。《书》曰：'抚我则后，虐我则雠。'信

---

[1] 司马光：《资治通鉴》卷一百七十五"陈宣帝太建十三年"注文。
[2] 司马光：《资治通鉴》卷二百八十六"后汉高祖天福十二年"注文。
[3] 司马光：《资治通鉴》卷九十一"晋元帝大兴二年"注文。
[4] 司马光：《资治通鉴》卷一百一十一"晋安帝隆安三年"注文。

哉！"[1]这段话实质上包含了他规劝新统一政权的一片苦心，他赞成统一，要求元朝统治者不能只顾兼并土地人口，更要注意凝聚民心，抚民安民；他引用《尚书》"抚我则后，虐我则雠"的话，既表达了他对当时民族高压政策的愤慨，又表达了他对各民族融合发展前景的渴望。

第二，故国思绪和坚贞气节。与反抗民族欺压思想相联系的是他在史注中流露出的亡国屈辱的惨痛感情，他在《通鉴》记述后晋灭亡、契丹入汴、帝后卑称"臣妾"而降时，联系到赵宋的两次亡国，不禁感慨万千，注曰："臣妾之辱，惟晋宋为然。呜呼，痛哉！""亡国之耻，言之者为之痛心，矧见之者乎！正程正叔所谓见之者也。天乎！天乎！"[2]其悲愤之情溢于言表。胡三省赞同历史上进步的统一活动，但却痛恨那些在国家危难关头，不保臣节，叛国投敌的行为，因此他认为"君子恶没世而名不传"，赞扬守节之臣"遂得名垂青史"[3]；嘲笑变节之臣"人得以面斥之"

---

[1] 司马光:《资治通鉴》卷一百三十二"宋明帝泰始五年"注文。

[2] 司马光:《资治通鉴》卷二百八十六"后晋齐王开运三年"注文。

[3] 司马光:《资治通鉴》卷一百三十五"齐高帝建元元年"注文。

的可耻下场。[1]这种思想感情自然也蕴含了他对南宋卖国臣将的斥责,表现了他的坚贞气节。

第三,揭露了宋朝腐败,招致灭亡的原因。胡三省不仅在感情上悲宋朝之亡,还注意从历史总结的角度,揭示宋朝军政腐败的教训。这些历史教训,有的是通过其他史事喻刺,有的则是直接的抨击。比如,他评论东汉邓骘西征无功却大受荣宠之事曰:"无功而还,当引罪求自贬以谢天下。据势持权,冒受荣宠,于心安乎?君子是以知其不终也。"[2]隐刺南宋贾似道背主卖国议和,却假称胜绩的丑恶行为。他又讽刺南宋道学家只擅高谈,于救国无补的风气,说道:"自古以来,多大言少成事者,何可胜数!"[3]他以南朝刘宋宫中侈丽为例,指斥刘宋、赵宋奢侈之风如出一辙,叹曰:"呜呼!我宋之将亡,其习俗亦如此,吾是以悲二宋之一辙也。呜呼!"[4]他对于宋元襄阳之战更是耿耿于怀,在注文中多次提及,他总结这次大战宋军的

---

[1] 司马光:《资治通鉴》卷一百三十五"齐高帝建元二年"注文。
[2] 司马光:《资治通鉴》卷四十九"汉安帝永初二年"注文。
[3] 司马光:《资治通鉴》卷二百八十六"后汉高帝天福十二年"注文。
[4] 司马光:《资治通鉴》卷一百二十七"宋文帝元嘉三十年"注文。

失败在于水陆援断和诸将不能并力向前两个原因,"比年襄阳之守,使诸将连营向前,城犹可全,不至误国矣。呜呼痛哉!"[1]胡三省痛惜襄阳之败,一方面固然因为襄阳之役是宋元关键性的一战,襄阳失守元兵可沿江直捣临安,宋军的长江防线则被拦腰击断,败局已定;另一方面也是遗憾宋将互相嫉忌,不能合力克敌,贾似道结党营私,不纳良策而错失战机。胡三省"呜呼痛哉"之叹,实在是抒发出他仰天扼腕的满腔悲愤。

四、文献考辨的方法与评说

《资治通鉴音注》的文献考辨内容极其丰富,涉及字音文义、名物典制、地理物产、人物和史事,展现了丰富的文献考辨方法,其中还有不少画龙点睛的评说,这些评说反映了胡三省的文献考辨思想,是方法论的提炼和总结。

与此相关的是胡三省存世的另一部著作《通鉴释文辩误》(以下简称《辩误》)十二卷。在胡三省作《资

---

[1] 司马光:《资治通鉴》卷一百四十六"梁武帝天监二年"注文。

治通鉴音注》前，有关《通鉴》的注释有三本，一为署名司马康的《通鉴释文》，一为史炤的《通鉴释文》，一为费氏所作的《通鉴音释》。胡三省考证，指出署名司马康的《通鉴释文》乃书估冒称司马光之子司马康名，刻于海陵。[1] 他的《辩误》以辩史炤书为主，其他两本同误者则在所辩条文下标示"海陵本同"或"费本同"。陈垣先生认为《辩误》与《音注》同时撰著，但《音注》成书在前，《辩误》成书在后[2]，所言极是。盖胡氏在作《音注》时，已逐步积累考辨材料，此后再演绎成另书。故《辩误》所考结论，皆在《音注》中体现，只是《音注》言简意赅，而《辩误》则详述考辨过程和材料。因此，本节将结合《辩误》内容，从以下几方面分析胡注的文献考辨方法和论说。

第一，关于注音释字。胡注最早以音注闻名，书中有关辨字读音的内容俯拾皆是。在《通鉴》的开篇周威烈王二十三年的"礼莫大于分"下，便有注曰："分，扶问翻。"在"夫以四海广之"下，则注："夫以，

---

[1] 胡三省《通鉴释文辩误·后序》，与《通鉴释文辩误》同附《通鉴》卷末，中华书局，1956年。
[2] 陈垣：《通鉴胡注表微》，辽宁教育出版社，1997年，第39页。

音扶。"在"子恶得与魏成比也"之下，注曰："恶读曰乌，何也。"胡三省以反切、同音、读曰等形式辨读字音，从而疏通字词的词性和意义，达到训释的目的。对于其他释本在注音释字方面的错误，胡注也做了大量的考辨工作。然而，胡注的价值不仅仅在音注，陈垣先生说："其注《通鉴》，名音注，实校注也。"[1] 其考辨的范围实在是非常广泛的。

第二，对《通鉴》正文及有关文献的校勘考证。胡氏的校勘因战乱播迁的影响，所得异本不多，故对校、本校较少，他校、理校较多。《通鉴》卷一百三十七"齐武帝永明八年"记，魏帝曰："今昊天降罚，人神丧恃，赖宗庙之灵，亦辍歆祀。"三省注曰："'赖'，蜀本作'想'，当从之。否则'赖'字衍。"这是采用他本对校的结果。又《通鉴》卷二百一十二"唐玄宗开元十三年"记玄宗四个儿子分别改名，第四子原名"嗣真"；而前文却有"嗣真上之长子"之说；三省注曰："读《通鉴》至此，可以知前此'嗣直'之误为'嗣真'矣。"这是利用《通鉴》前后文本校的结果。

---

[1] 陈垣：《通鉴胡注表微》，第29页。

胡注的他校很多，如《通鉴》卷一百五十，梁武帝普通六年"魏高平镇人胡琛反，遣其大将万俟丑奴，宿勤明达等寇魏泾州"。注曰："'萬'当作'万'，音莫北翻。俟，渠之翻。万俟，虏复姓，《北史》曰：'万俟，其先匈奴之别也。'"这是利用《北史》对文字的校勘，以此辨证少数民族的姓名。《通鉴》卷一百八十三"隋炀帝大业十二年"，记隋军连连败绩，"唯虎贲中郎将蒲城王辩、清河郡丞华阴杨善会数有功"。胡注考隋朝官制，指出隋"无中郎将"；又据《隋书·王辩传》"辩自鹰扬郎将迁虎贲郎将"的记载，指出《通鉴》"虎贲中郎将"的"中"字为衍文。又如《通鉴》卷四十"汉光武帝建武二年"记邓禹处斩李宝。《通鉴考异》曰："更始柱功侯李宝，时为刘嘉相，此盖别一人同姓名。"胡注据范晔《后汉书》校曰："究其本末，汉中王嘉，即以更始功柱侯李宝为相，非别一人也。"这是对历史人物的重要校订。以上数例，皆用他校法厘定文字，澄清了史实。

理校法，指以通识常理，考订是非，故关涉考证。如《通鉴》卷一百九十一"唐高祖武德九年"记曰："命长孙无忌、李靖伏兵于幽州。"胡注考证曰："幽州当作幽州。自渭北北归，归路正经幽州，此史书传写误耳。"胡注以地理擅长，此处是理校中运用地理知识考校史文的明显一例。

胡注中也有许多专门考证的内容，这些考证不仅考订《通鉴》及其《考异》，胡三省还通过评说，反映了他的考史理念。一是考史文所依据的材料是否可靠。如《通鉴》卷十八"武帝元光四年"记杀魏其于渭城，司马光在《考异》中引班固《汉武故事》详述其事，胡注曰："按《汉武故事》，语多诞妄，非班固书；盖后人为之，托固名耳。"从史源上指出司马光所据不真。二是考史文是否符合学理和常识。《通鉴》卷二百二十一"唐肃宗乾元二年"记史思明攻入洛阳后，郑州、滑州相继陷落。胡三省从地理路线上考证记载有误，注曰："思明既至洛阳，则郑、滑等州已陷落矣。《通鉴》用史家成文，失于删修也。"说明司马光未能以学理考订旧文，以讹传讹。三是考史文是否符合书法体例。《通鉴》本身有一套书法体例，然因史文繁复，司马光有时也难以照应，如后唐潞王清泰元年，先记潞王即位为帝，而后史文仍称"潞王"，胡注曰："以《通鉴》书法言之，潞王于此当书'帝'。盖承前史，偶失于修改也。"[1] 四是考史文是否符合实际。《通鉴》记唐末官兵进攻裘甫义军,"城守甚坚,攻之不能拔,诸将议绝溪水以渴之"。胡三省根据实际,指出当地多用井水,断绝溪流对义军根本没有威胁,"作史者乃北人臆说耳"[2]。

第三,对《通鉴》史文的注释和补充。胡注的成就还表现在他运用了大量材料对《通鉴》的史文进行了注释、补充,从而疏通了史文,丰富了《通鉴》历史记载的内容。这方面的注文是很多的,例如《通鉴》卷一百七十七"隋文帝开皇九年"记:"时天下既壹,异代器物,皆集乐府。牛弘奏:'中国旧音,多在江左。'"牛弘之言,是中国音乐史的宝贵材料,然而依据何在呢?胡注作了重要补充:"典午南渡,未能备乐,石氏之亡,乐人颇有自邺而南者。苻坚淮淝之败,晋始获乐工,备金石。慕容垂破西燕,尽获苻氏旧乐。子宝丧败,其钟律令李佛等,将太乐细伎奔慕容德,德子超献之姚秦,以赎其母。宋武平姚泓,收归建康,故云'多在江左'。"胡注将永嘉乱后,中原伶官乐器流

---

[1] 司马光:《资治通鉴》卷二百七十九"后唐潞王清泰元年"注文。
[2] 司马光:《资治通鉴》卷二百五十"唐懿宗咸通元年"注文。

第七章 论胡三省的史学思想和文献考辨方法

归江左的过程一一条理，厘为两个主要的阶段，先由石赵、前燕、苻秦归于东晋，再由后燕、南燕、姚秦归于刘宋。经如此补充，这段历史详细清晰，给人留下了深刻的印象。又如《通鉴》卷二百一十四"唐玄宗开元二十四年"记"补阙杜琎尝上书言事，明日黜为下邽令"，按唐代官制，上县令从六品上，补阙从七品上，从品阶来看，杜琎是升迁了，而史文言黜，令人费解。这里胡注则有解释曰："盖唐人重内官，而品之高下不论也，况遗补供奉官，地居清要乎！"胡注的解释从职官位置的具体分析上说明了杜琎的失宠，进而疏通了史文。再如《通鉴》卷一百六十三"梁简文帝大宝元年"记："齐主简练六坊之人，每一人必当百人，谓之百保鲜卑。""百保鲜卑"作何理解？胡注曰："百保，言其勇可保一人当百人也。高氏以鲜卑创业，当时号为健斗，故卫士皆用鲜卑，犹今北人谓勇士为霸都鲁也。"胡注以元代俗称霸都鲁（巴图鲁）解释北朝俗称，意义相近，恰如其分，使人易于明了。关于注释，胡三省也有深刻的见解，他说："凡注书者，发明正文大义，使读者因而求之，无所凝滞也。"认为注文要能疏通窒碍，阐发大义；他批评史炤《通鉴释文》

的一些解释无关紧要、隔靴搔痒,以为那种可有可无的释文就大可不必了。[1]

第四,辩误及对致误原因的评说。胡注的辩误不仅校订了《通鉴》正文及其《考异》的不少误失,还多处指出前史或注释的错误,涉及对颜师古《汉书》注、李贤《后汉书》注、薛居正《旧五代史》、欧阳修《新五代史》、李心传《建炎以来系年要录》的辩误。[2] 至于对以史炤为代表的几种《通鉴》释文的辩驳,则又单独撰成了《通鉴释文辩误》12卷,予以逐条辨证,成就显著,不胜枚举。这里要着重分析的,是胡三省在《辩误》中对史炤等注文致误原因的评说。这些方法论上的总结,既可为文献考辨提供某种规律性的认识,亦可为学者治学提供前车之鉴。胡氏点评史炤等注文的致误原因有数端:

一是未晓文义而臆断。《通鉴》记汉献帝时"邴原性刚直,清议以格物";史炤以为"格"是"废格之格,

---

[1] 胡三省:《通鉴释文辩误》(以下简称《辩误》)卷十二"通鉴二百八十三,齐王天福八年"条。
[2] 可举例如:《通鉴》卷十一"汉高帝六年"注文,《通鉴》卷三十九"淮阳王更始二年"注文,《通鉴》卷二百七十九"后唐王璐清泰二年"注文,《通鉴》卷二百八十一"后晋高祖天福二年"注文。

第七章 论胡三省的史学思想和文献考辨方法

以清议废人"。《辩误》曰:"格,正也,言以清议正物也。"又评论说:"是知读《汉书》而未晓文义。夫因文见义,各有攸当,不可滞于一隅。"[1]指出史氏读史未通晓文义,只知其一不知其二。又如《通鉴》记东晋成帝时诏王公以下"皆正土断白籍";史氏曰:"白籍谓白丁之籍耳。"胡三省说,东晋因北方侨居南方的官民很多,因此在编定户籍时"土著实户用黄籍,侨户土断白籍";白籍是指以白纸为籍,"若以为白丁之籍,则王公岂白丁哉!"[2]说明望文生义、随心臆断乃致误之由。

二是注地理常因同名而误。中国疆域辽阔,史炤之注常因同名异地而误,《辩误》曾在多处指正。[3]胡三省说:"凡注地理,须博考史籍,仍参考其地四旁地名以为证据,何可容易着笔乎!"此言当为注释地理之通则。

三是以辞书为据而不考史文。辞书的注解毕竟有

---

[1] 《辩误》卷三"通鉴六十,汉献帝初平二年"条。
[2] 《辩误》卷四"通鉴九十六,晋成帝咸康七年"条。
[3] 如《辩误》卷四"通鉴七十七,魏高贵乡公甘露二年"条;卷五"通鉴九十八,晋穆帝永和六年"条。

限，而历史则变化万端，史炤注文好以宋朝陈彭年《广韵》、丁度《集韵》诸辞书为据，而不能详考史文，究其本末，故容易出错。胡三省就曾批评说："丁度《集韵》以宋朝疆理为据也，若引以注十六国地界，则疏矣。"[1]

四是不通观上下文而误。《通鉴》记唐德宗时朝臣陈京、赵需因政事争执不已，德宗大怒，群臣退避，"京顾曰：赵需等勿退。"史氏将"京顾"作姓名解。《辩误》认为京乃陈京，顾为回顾，其曰："史炤以京为姓，顾为名，大似不识文理。彼岂真不识文理哉！其病在不详观《通鉴》上下文，而轻为注释。"[2]

五是不能随时注意制度、地理之沿革。史氏曾把唐代属于扬州的高邮县，错误地归属于北方的兖州。何有此误？《辩误》指出史炤是把东晋南朝在南方侨置州县的"南兖州"，错误地用来解释唐代的建置。因此胡三省说："释《通鉴》者，当随事随时考其建置、离合、沿革也。"[3] 此言也可为注释制度、地理之通则。

六是识闻不广致误。《通鉴》"陈文帝天嘉三年"

---

[1] 《辩误》卷五"通鉴一百一十四，晋安帝义熙四年"条。
[2] 《辩误》卷十"通鉴二百三十一，唐德宗贞元元年"条。
[3] 《辩误》卷十一"通鉴二百五十一，唐懿宗咸通九年"条。

第七章 论胡三省的史学思想和文献考辨方法

记"齐和士开善握槊"。"握槊"乃西域传入中原的一种游戏,史氏不知,误释为:"矛长丈八者为槊。"《辩误》指正曰:"是但知槊之为兵器,而未知握槊之为局戏也。"[1]

诚然,识闻之广,不可限量。但正如胡三省所批评的,"既不能尚友古人","又不能亲师取友,以求闻所未闻,所以到底错了"[2],则是人人当引以为戒的。

---

[1]《辩误》卷八"通鉴一百六十八,陈文帝天嘉三年"条。
[2]《辩误》卷四"通鉴八十三,晋惠帝永康元年"条;卷十"通鉴二百二十一,唐肃宗乾元元年"条。

第八章 论郝经的史学思想

郝经（1222—1275），字伯常，泽州陵川（今山西陵川）人，元初著名学者。郝经精于理学，以"道德之理，性命之原，经术之本"[1]为先务，"上溯洙泗，下迨伊洛诸书，经史子集靡不洞究"[2]。他又是元初忽必烈幕下杰出的谋臣，早入藩府，数上国策；中统初年出使南宋被拘，成为"江南苏武"竟达15年，返回北方不到一年而病故。郝经在人们的眼里是理学家、政治家，因此对他的理学思想和政治生涯记载分析得多，然而对郝经丰富、进步的史学思想论者甚少。本章试图通过对郝经史学思想几个重要方面的阐述，以

---

[1] 郝经：《郝文忠公陵川文集》卷二十六《铁佛寺记》，明正德二年（1507年）刻本。
[2] 郝经：《郝文忠公陵川文集》卷二十一《志箴》。

第八章　论郝经的史学思想

期于郝经有更为全面的认识，同时也为中国史学思想宝库增添一些内容。

一、经史关系论的新发展

郝经进步的史学思想首先表现在他重视史学在思想认识方面的作用。宋元理学视六经和程朱著述为金科玉律，而把史学看作无足轻重。"经本史末""先经后史"是朱熹的看法[1]；元代许衡继承了朱熹的观点，认为"阅史要折衷于六经语孟"[2]，以六经语孟为律令，史学成为理学的附庸。郝经提出了"古无经史之分"的思想，将经史相提并论，大大提高了史学的地位。

以往谈到元代"古无经史之分"观点时，多把这项思想成就归于刘因，其实提出这个观点并对此有更为深刻分析的，还应属元初北方思想家和政治家郝经。郝经比刘因早出生二十多年，郝经家世代业儒，故其学有家传渊源，赵复北上以后，他又与许衡、刘因受

---

[1]　郝经：《郝文忠公陵川文集》卷一百二十二《朱子语录》。
[2]　许衡：《鲁斋遗书》卷一《语录上》，明万历二十四年（1596年）刻本。

209

赵复理学之传,"皆得其书而崇信之"[1]。与刘因相似,郝经在治学上反对离形器而言道,反对离"六经"而言天理。在强调质实于"六经"的同时,他又进一步提出了"古无经史之分"和会通经史的思想,说明了治史的重要性。首先,他认为《书》《诗》《春秋》原来就是史书,经过圣人加工才成为具述王道的经典。他指出:

> "六经"具述王道,而《诗》《书》《春秋》皆本乎史。王者之迹备乎《诗》,而废兴之端明;王者之事备乎《书》,而善恶之理著;王者之政备乎《春秋》,而褒贬之义见。圣人皆因其国史之旧而加修之,为之删定笔削,创法立制,而王道尽矣。[2]

从这段话可以看出,他还只是以《诗》《书》《春秋》为例,说明圣人本乎史,创立经典的道理。然而,他又在此基础上将经本乎史的范围进一步推广到"六

---

[1] 黄宗羲:《宋元学案》卷九十《鲁斋学案》,全祖望补修,陈金生、梁运华点校,中华书局,1983年。
[2] 郝经:《郝文忠公陵川文集》卷二十八《一王雅序》。

第八章　论郝经的史学思想

经",从而提出了"古无经史之分""六经皆史"的思想。他在《经史》这篇专论的开头便阐述道:

> 古无经史之分。孔子定"六经",而经之名始立,未始有史之分也,"六经"自有史耳。故《易》,即史之理也;《书》,史之辞也;《诗》,史之政也;《春秋》,史之断也;《礼》《乐》,经纬于其间矣,何有于异哉?至马迁父子为《史记》,而经史始分矣。其后遂有经学、有史学,学者始二矣。[1]

郝经的分析表达了三层意思,第一,他把"古无经史之分"的命题推广到"六经",而不局限于《书》《诗》《春秋》三经,这是他比刘因的思想更进一步的地方。第二,他认为"六经"都是当时的历史记载,这种看法近似于章学诚"'六经'皆先王政典"[2]的观点。郝经认为《易》从历史变化中总结出天人之理;《书》是当时的记言之史;《诗》为王者"观风俗,知得

---

[1] 郝经:《郝文忠公陵川文集》卷十九《经史》。
[2] 章学诚:《文史通义校注》内篇一《易教上》,叶瑛校注,中华书局,1985年。

失,自考正",因而是为政之史;《春秋》记事则以褒贬断是非;《礼》《乐》记礼乐制度则有经纬规范之用,这些提法都是比较符合实际的。第三,他还指出经史之分始于司马迁父子而不始于孔子,以此进一步证明"古无经史之分",说明"六经"与史的联系。郝经在《经史》专论中较为系统地论述了古来经史的发展变化和相互关系,他在谈到经史分合之后,认为经史既分,不能复合,但治学不可偏经废史,从而进一步提出了治学"会通经史"的观点,这又是他比刘因更为高明之处。他认为:

> 经史而既分矣,圣人不作,不可复合也。第以昔之经,而律今之史可也;以今之史,而正于经可也。若乃治经而不治史,则知理而不知迹;治史而不治经,则知迹而不知理。苟能一之,无害于分也。[1]

这段话的要紧之处,在于明确提出治学必须会通

---

[1] 郝经:《郝文忠公陵川文集》卷十九《经史》。

经史，二者缺一不可的观点，从而大大突出了史学的重要地位。这种思想比起那些以为"经史不可同日而语"的狭窄观念，则要开阔和进步得多。郝经"古无经史之分"思想的意义又在何处呢？具体言之，有以下数端：

首先，郝、刘二人皆出生于北方，虽受赵复的朱学之传，然讲究的进学次第，还保留有金代北方儒士所奉行的以"六经"为本，兼及四部；重两宋议论也不放弃汉唐传疏的治学途径。然更为主要的是，二人在元、宋鼎革之际，深感"天下困弊已极"，而理学中存在的一些托言性命、好为空谈的不良学风，不仅对个人治学不利，更于治世无益。因此他们提出"古无经史之分"的观点，主张知理知迹，以避免"求名而遗实"，这种出发点无疑是积极有益的。其次，"古无经史之分"说从客观上削弱了"六经"神圣、独尊的地位，提高了对史学重要性的认识。郝经和刘因虽然不能把史学抬高到与经学相等的位置，但郝经有关"若乃治经而不治史，则知理而不知迹"的论述，已蕴含了经史并重的初步认识。而在各自的为学之道中，郝、刘二人虽为理学家，但他们都对史学进行了深入独到的研究。刘因在《静修先生文集·叙学》中对上自先秦《左传》《国语》，下至宋朝《东都事略》等史书高下优劣的评论，鞭辟入里，不啻一篇独具见识的史评。他提倡读全史，对许多历史人物也有臧否分析。郝经的《经史》篇纵论元以前的史学三变，提出了学史要"知兴废之由"的要求，他撰写《续后汉书》一百三十卷，也是以史为器，希望达到"辨奸邪，表风节，甄义烈，核正讹"之目的。郝、刘二人对于史学的提倡和实践，自然对元代史学的发展起到促进作用，而他们对于经史关系的系统论述，是古代史学思想对此问题认识的新台阶。

二、"审势求理"的通变史识

史学的通变思想是中国史学家和思想家对于思想界的一个突出贡献。通是连接、联系和因依，变是运动和变化；通与变两者结合起来成为一个范畴，说明了事物不断变化的基本原则，以及事物从一个方面向另一个方面转化时对立双方互相联系、可以因势利导的条件。通变思想的重要意义在于说明了历史过程运

第八章 论郝经的史学思想

动变化的必然趋势,以及人们在变化过程中因势而行、发挥主观能动作用的可能性。《周易》最早提出了中国古代的通变思想,它说:"刚柔相推,变在其中矣。""易,穷则变,变则通,通则久。"[1]它强调变的普遍性和通的必要性。《周易》的通变思想在司马迁的《史记》中得到贯彻和发展。元代思想家在理学认识的基础上,从求理与合理的要求出发,提出了通变以合理的思想,这是对通变史观的发展。

在政治上,元代思想家和政治家纷纷总结历史上顺应潮流、及时变通的经验,进行政治上的改革,以适应元代社会大变动的需要,"通变"史观成为他们政治理论的依据。在这一方面,郝经发挥得淋漓尽致。他在《上宋主陈请归国万言书》[2]这篇洋洋12000字的政论文中,调动上起三代,下至南北宋的大量史事,用以说服宋主放弃南北争战,以实现"撤天下之藩篱,破天下之畦町,旷然一德"的政治局面。贯穿于《上宋主陈请归国万言书》全文的核心思想便是审势求理的"通变"史观,郝经说:

---

[1] 《周易·系辞下》,《十三经注疏》本,中华书局,1980年。
[2] 郝经:《郝文忠公陵川文集》卷三十九《上宋主陈请归国万言书》。

夫天下有定理而无定势。圣人驭天下之大柄,本夫理而审夫势,不执于一,不失于一,而惟理是适。是以举而措之,成天下之事业。以天下之至静,御天下之至动;以天下之至常,御天下之至变;以天下之至无为,而为天下之至有为。势莫能定,而理无不定。推理而行,握符持要,以应夫势,天下无不定也。贾谊有言:汤武之定取舍审,而秦王之定取舍不审。审者何?审夫势也;定者何?定夫理也;取舍者何?理势之间也。见夫势必求夫理,轻重可否,不相违戾,而后权得而处之。

在这里,郝经提出了"天下有定理而无定势"的命题。理与势的概念早在先秦就出现了,战国时商鞅说:"圣人知必然之理,必为之时势,故为必治之政,战必勇之民,行必听之命。"[1] 所谓必然之理是指历史发展的规律,所谓必然之势指的是历史发展的趋势,理与势都是客观必然,不过一者是内在规定,一者是

---

[1]　商鞅:《商君书·画策篇》,《诸子集成》本,上海书店出版社,1986年。

外在表象。郝经所说的理,与商鞅稍有不同,它包含了宋元理学的新内容,这个理具有事物的发展规律与人们的道德准则双重意义。郝经对于"天下有定理而无定势"命题的分析,首先说明了历史过程是不断运动变化的,因此天下无定势而有动势。其次,他指出"势莫能定,而理无不定",天下大势虽然变动不羁,分分合合,但是它的运动方向是有内在规定的,这个规定就是理。再次,郝经认为能成就天下大业者,要"本夫理而审夫势",在本理、审势的前提下,善于"取舍"。取舍即通变,"取舍者何?理势之间也",这就是说要把握理所规定的势,善于通变,去顺应这个发展的趋势。他列举了汤武、秦王的史实进行比较,说明虽然他们都是以征伐得天下,但是汤武善通变而能治,秦王不善通变,照行暴政,因此运祚不长。

郝经用通变以合理的史观说服宋主顺应历史发展大势,下面我们提到,他还用通变的史识巧妙地解决了民族征服和文化冲突的矛盾,为蒙元统治者与汉族地主阶级和儒士的合作找到了一条合适的道路。他不仅从理、势的角度发展了通变史观,而且他所表达的政治思想也是符合当时的时代要求的。

三、"行中国之道则中国之主"的民族史观

金元、宋元之际,士民饱受颠沛流离、战火荼毒、家破人亡之苦,所谓"两国暴骨几十年,遗黎残姓殆欲歼尽",四海之内"莫不引领拭目",渴望"天下于治安"[1]。因此,尽管对民族高压政策不满,包括有宋金遗民的故国情思和对异族统治的反感,但是期待尽早"息兵戈,致太平"仍是当时社会人心强烈的愿望。以郝经为代表的一批知识分子从儒家用世济民的精神出发,慨然以"慧积年之凶岁,顿百万之锋锐,存亿兆之性命,合三光五岳之气,一四分五裂之心,推九州四海之仁,发万世一时之机"[2]为己任,放弃了"严华夷之防"、与蒙元激烈对抗的旧规,走上承认元朝统治、与元廷合作的道路。

元初儒生出仕为蒙元统治者服务,首先要从理论上论证蒙元统治的合理性,解决与蒙元统治者合作的可行性问题。郝经是元初汉儒系统解决这一理论问题

---

[1] 郝经:《郝文忠公陵川文集》卷三十七《宿州再与三省枢密院书》。
[2] 郝经:《郝文忠公陵川文集》卷三十七《与宋两淮制置使书》。

第八章 论郝经的史学思想

的代表人物，由于他所生活的中国北方地区，从辽朝算起已有近三百年不是汉族封建王朝的统治区，从金朝算起也有一百余年时间不是汉族皇帝当家了，长期生活的社会背景提供给郝经等一批汉儒客观认识民族关系的现实基础，对于辽金历史的认识，特别是对金朝历史的总结，也使他们较容易突破"夷夏之辨"的观念，而提出像郝经所说的"今日能用士而能行中国之道，则中国之主"[1]这样新的政治原则和民族史观。

"行中国之道，则中国之主"的原则关键在于冲破了狭隘民族观"严夷夏之大防"的藩篱，解决了中国之主不一定非得是汉族的问题。郝经指出，"天无必与，唯善是与；民无必从，唯德是从"，"天之所与，不在于地而在于人，不在于人而在于道"。[2]他认为，天意民心所向，唯德唯善；能够主宰中国之土的人是什么种族并不重要，关键要看他们是否行"中国之道"。他的"中国之道"自然是指儒家之道。在他看来，儒家的道德纲纪和文物典章乃是天下元气和命脉之所在，"夫纪纲礼义者，天下之元气也；文物典章者，天下之

---

[1] 郝经：《郝文忠公陵川文集》卷三十七《与宋两淮制置使书》。
[2] 郝经：《郝文忠公陵川文集》卷十九《时务》。

命脉也。非是则天下之器不能安，小废则小坏，大废则大坏；小为之修完则小康，大为之修完则太平。"[1] 辽金之亡、南宋的衰败自然是没有修完纲常礼义，光大典章文物，那么，"中国既而亡矣，岂必中国之人善治哉？圣人有云，夷而进于中国，则中国之，苟有善者，与之可也，从之可也"[2]。此话说得再清楚不过了，只要能行德治善政，则不一定非是"中国之人"，就是所谓的"夷狄"，民亦可与之从之，这是郝经反复强调的。至于"圣人"所云，则表明了他的理论基础来自于《春秋公羊传》的"用夏变夷"思想，是早有古训而非凭空捏造的。

"用夏变夷"思想是《公羊传》民族观的组成部分。"用夏变夷"说最早出自《孟子·滕文公上》，但是在孟子那里，这一观念的涵义只是强调了"夷夏之辨"，强调了华夏文化在感化偏远落后部族方面的优越性。《公羊传》的民族史观发展了先秦"夷夏之辨"的思想，带有积极的和消极的两重性因素，一方面它继承了孟子重"华"轻"夷"的观念，提出了"内诸夏而外夷狄"

---

[1] 郝经：《郝文忠公陵川文集》卷三十二《立政议》。
[2] 郝经：《郝文忠公陵川文集》卷三十二《立政议》。

第八章 论郝经的史学思想

的主张，于是后世强调华夏正统的儒者就突出《公羊传》这方面的思想，作为他们"严夷夏之大防"和"尊王攘夷"的理论武器。另外，《公羊传》的华夷观又有积极的一面，它提出以是否遵循儒家的礼义文明为标准，而不是以种族为准来区分"华夷"。它认为华夏不守礼义可以变成"新夷狄"，而"夷狄"知礼义可以成君子，这就是郝经他们大力推扬的"夷而进于中国则中国之"的"用夏变夷"思想。《公羊传》的这一思想有多处表述，例如，《公羊传》宣公十二年曰："夏六月己卯，晋荀林父帅师及楚子战于邲，晋师败绩。大夫不敌君，此其称名氏以敌楚子何？不与晋而与楚子为礼也。"晋为中原大国，历来被认作华夏之国；楚为南方远国，诸夏以蛮夷视之。但是《公羊传》认为楚国在伐郑而舍郑、大败晋师而放其退走等事件中能讲礼义；而晋国以大夫率师与楚王战，违反了"大夫不敌君"之礼。因此楚王称"子"，而晋国受责。一贯宣扬公羊思想的董仲舒对《春秋》经的这段史事也有同样的解释，他说："《春秋》之常辞，不与夷狄而与中国为礼。至邲之战，偏然反之，何也？曰：《春秋》无通辞，从变而移。今晋变而为夷狄，楚变而为君子，故移其辞以从其事。"[1]《公羊传》定公四年又曰："冬，十有一月庚午，蔡侯以吴子及楚人战于伯莒，楚师败绩。吴何以称子？夷狄也而忧中国。"吴国历来也被认作东夷，但它能"忧中国"，承蔡侯之请，击退楚国对诸夏的无理进犯，因而进爵为"子"。相反，如果"诸夏"在礼义文明上倒退，则被贬为"新夷狄"。《公羊传》昭公二十三年因为晋国围周天子之"郊"，有犯上之举，所以叹曰："中国亦新夷狄也。"郝经抓住了《春秋公羊传》以礼义文明判"夷夏"变化的思想精髓，继唐儒韩愈[2]之后，将其概括为"夷而进于中国则中国之"的古训，从而提出了"行中国之道，则中国之主"的原则，从根本上为承认蒙元政权的合法性找到了理论依据，在思想上和心理上为蒙汉统治阶级的政治合作开辟了道路。

郝经不仅注意发掘《公羊传》民族史观的积极因素作为自己的理论武器，而且注意从历史上总结"行中国之道，则中国之主"的成功范例。他从中国历史

---

[1] 董仲舒：《春秋繁露·竹林篇》，中华书局，1992年。
[2] 韩愈《原道》曰："孔子之作《春秋》也，诸侯用夷礼则夷之，夷之进入中国者则中国之。"

第八章 论郝经的史学思想

上第一次民族大组合的魏晋南北朝时谈起，以为十六国时前秦虽然是由氐族建立的政权，但是以苻坚为首的氐族统治集团，在汉族士人王猛的帮助下，"行中国之道"，"故苻秦三十年而天下称治"[1]，统一了北方，一度成为政治清明、国力强盛的国家。他又提到北朝的北魏，他说：

> 昔元魏始有代地，便参用汉法。至孝文迁都洛阳，一以汉法为政，典章制度灿然与前代比隆，至今天下称为贤君。[2]

他认为北魏孝文帝的功绩虽然不及西周的文王、武王和汉代的高祖、光武，但魏孝文作为一个鲜卑皇帝，能够"进退以礼"，"卒全龙德"，就是"用夏变夷之贤主"[3]。郝经对于他所熟悉的金朝历史更是给予了充分的肯定：

---

[1] 郝经：《郝文忠公陵川文集》卷十九《时务》。
[2] 郝经：《郝文忠公陵川文集》卷三十二《立政议》。
[3] 郝经：《郝文忠公陵川文集》卷三十二《班师议》。

> 金源氏起东北小夷，部曲数百人，渡鸭绿，取黄龙，便建位号。一用辽宋制度，取两国名士置之近要，使藻饰王化，号"十学士"。至世宗，与宋定盟，内外无事，天下晏然，法制修明，风俗完厚。[1]

> 盖金有天下，席辽宋之盛，用夏变夷，拥八州而征南海，威既外振，政亦内修，立国图强，徙都定鼎。至大定间，南北盟誓既定，好聘往来，甲兵不试，四鄙不警，天下晏然，大礼盛典于是具举。泰和中，律书始成，凡在官者，一以新从事，国无弊政，亦无冤民，灿灿一代之典，与唐汉比隆。[2]

他回顾金朝发迹的历程，认为金朝能从一个部曲数百人的"东北小夷"发展出与唐汉比隆的"灿灿一代之典"，主要原因在于"用夏变夷"和"一用辽宋制度"。郝经为蒙元统治者总结历史上少数民族在中原地区成功统治的先例，无疑是要求蒙元统治者仿效苻秦、北

---

[1] 郝经：《郝文忠公陵川文集》卷三十二《立政议》。
[2] 郝经：《郝文忠公陵川文集》卷三十《删注刑统赋序》。

第八章 论郝经的史学思想

魏、金源"行中国之道"的作法,成为中原大地上的贤明之主。而且,他从追寻历史和反观现实的比较中,已经认定了他为蒙元统治者设计的道路是一条通向"天下一新"和"太平盛世"的光明大道。这种理想的认定至少包括几方面的基本条件,首先,国家"今有汉唐之地而加大,有汉唐之民而加多"[1],"而民物繁夥,龙飞凤舞殆四十年"[2],已有了丰厚的国力基础。其次,"堂堂中夏,幅员万里","尧舜、三代、二汉之世,亦吾民也,今而天下,亦吾民也。吾民不变,则道亦不变。道既不变,则天亦不变。何遂而不可及而不可见也哉?"[3]他的涵义很明白,即吾等持道之儒生不变,则道亦不变,道不变则三代二汉之世庶几可及而可见也。再次,也是极重要的一条,便是皇帝陛下忽必烈乃"久符人望,而又以亲则尊,以德则厚,以功则大,以理则顺,爱善中国,宽仁爱人,乐贤下士,甚得夷夏之心,有汉唐英主之风"[4]。因此,只要皇帝"以国朝

---

[1] 郝经:《郝文忠公陵川文集》卷三十二《立政议》。
[2] 郝经:《郝文忠公陵川文集》卷三十《删注刑统赋序》。
[3] 郝经:《郝文忠公陵川文集》卷十九《时务》。
[4] 郝经:《郝文忠公陵川文集》卷三十八《复与宋国丞相论本国兵乱书》。

之成法，援唐宋之故典，参辽金之遗制，设官分职，立政安民"，就一定"能树立功成治定，揄扬于千载之下"[1]。

或有以为，郝经作《续后汉书》黜曹魏、尊蜀汉，是为南宋争正统，颇与他"行中国之道，则中国之主"的思想相矛盾。确实，郝经作为朱学信徒，他秉承朱熹《通鉴纲目》的观点，尊蜀汉为正统，包含了为南宋正统绪的意义，但是尊宋不等于排元。事实上，郝经"揆之天时人事"，已经看出"宋祚殆不远矣"[2]。那么，"中国既而亡矣，岂必中国之人而善治哉？"在他的心目中，蒙元正是"配天立极，继统作帝"[3]之朝。因此，郝经的正统论与他"夷而进于中国则中国之"的思想并不矛盾，甚至可以说是合乎逻辑地为蒙元的继统所作的舆论准备。

郝经民族史观的总体认识反映了当时北方多数汉族知识分子的思想状况，其实，金亡四十余年，北方儒生看到蒙古倾覆汴蔡，穿彻巴蜀，绕出大理，南际

---

[1] 郝经：《郝文忠公陵川文集》卷三十二《立政议》。
[2] 卢挚：《郝公神道碑》，载郝经《郝文忠公陵川文集》卷首。
[3] 郝经：《郝文忠公陵川文集》卷三十二《立政议》。

江淮，瞰临中国的雄劲力量，又受到忽必烈等一些蒙古统治者好儒术、喜衣冠、崇礼让行为的影响，思想已经有了较大的转变，他们跃跃欲试，希望在新的政治舞台上一显身手。正如刘因所描述的："至元十一年，诏大丞相伯颜领诸将兵伐宋，有志之士，咸喜乘此际会，思效计勇以自奋。"[1] 从"审势求理"的通变史识出发，郝经审时度势地提出了"行中国之道，则中国之主"的原则，为当时北方的汉族士民及后来的江南士民免遭杀戮之灾，实现政治抱负提供了理论依据；同时又在某种程度上满足了那些以华夏子孙自居而又不得不与异族统治合作的汉族地主阶级的心理平衡。从更广泛的意义上说，郝经的民族观巧妙处理了民族征服与民族冲突、文化隔阂的关系，为汉族与其他少数民族的和睦相处、为儒家礼义文明在新的历史条件下得以发扬光大找到了出路，从而有益于中原及南方汉族文化与各少数民族文化的不断融合，有益于多民族统一国家的进步。

---

[1] 刘因：《静修先生文集》卷四《怀孟万户刘公先茔碑铭》，《丛书集成初编》本，中华书局，1985年。

第九章　虞集的理学倾向与史学理念

虞集（1272—1348）是元代中期著名文史学家，他历仕成宗、武宗、仁宗、英宗、泰定、文宗六朝，熟悉元初及所历各朝人事典故，主持修撰《经世大典》，总结一代典章史实。他供职于国子学、国史院、秘书监，对教育、文事多有贡献，对元修辽金宋三史提出过许多重要建议。虞集的诗文享有盛誉，被时人称为"当代之巨擘"[1]。由于他文采出众，故一时朝廷宗庙典册诏告，公卿大夫碑文行状，多出其手。他的《道园学古录》和《道园类稿》中有大批传记、碑铭和序跋，史料价值极为丰富。此外，他还有《平猺集》一卷传世。

---

[1] 欧阳玄：《圭斋文集》卷九《虞雍公神道碑》，《四部丛刊初编》本，上海书店出版社，1989年。

第九章　虞集的理学倾向与史学理念

历来评论虞集，多重其文学，而对他在史学上的成就评论较少。纵观元代史坛，虞集的史学占有重要地位，尤其是他的史学思想，突出反映了元代史学思潮的主要走向。本章拟对虞集的史学思想作一考察，以求有助于全面认识这位元中期的重要汉儒，并由此得以了解元代史学思潮的一些特色。

一、思想渊源和理学倾向

虞集的史学思想有其深厚的家学渊源。他出身于儒学世家，五世祖是南宋丞相虞允文。曾祖刚简，人称"沧江先生"，与魏了翁、范仲黼、李心传等人讲学于蜀西门外，"得程朱微旨，著《易诗书论语说》，以发明其义"[1]。其父虞汲，原为南宋黄冈尉，宋亡，移家于江西临川崇仁（今江西崇仁县），与吴澄过往甚密，《宋元学案》将其列为草庐学派讲友。虞集母杨氏也通性理之学，是虞集学术思想的启蒙老师。她能"背诵《论》《孟》及《春秋左传》，欧、苏文"，虞集五

---

[1] 宋濂：《元史》卷一百八十一《虞集传》，中华书局，1976年。

岁适逢宋元易代之乱，在避难途中无书可读，杨氏便口授以上诸书。于是，"九岁还长沙始得墨本，而公已悉通大义。又五年居崇仁故寓，已善属文"[1]。虞集的幼年从家庭儒学氛围中汲取了思想营养，对程朱理学有了一定的认识。然而对他的思想形成影响最大的，还是来源于南方理学大师吴澄。吴、虞二家本来交往密切，又因虞集自小聪慧，因此在江西崇仁时，虞集便"以契家子从吴澄游"[2]，进而系统地接受程朱理学的学说。吴澄字幼清，江西崇仁人。在元代理学中，他与许衡齐名，时称"北有许衡，南有吴澄"[3]。从理学传承统绪来说，吴澄为朱熹四传，其理学以朱学为主，但也兼宗陆学。特别是在认知方法上，为了克服朱学支离繁琐的缺陷，吴澄袭蹈陆学自识本身的思想途径，这些特点对虞集影响很大。

虞集作为朱学的第五代传人，不仅全面继承朱熹的本体论和性理论学说，而且以绍承程朱理学道统为

---

[1] 欧阳玄：《圭斋文集》卷九《虞雍公神道碑》。
[2] 宋濂：《元史》卷一百八十一《虞集传》。
[3] 揭傒斯：《吴公神道碑》，收入李修生主编《全元文》第28册，凤凰出版社，2004年，第505页。

己任。"天也者，理也"[1]；"理不无具，俯仰远近皆有取焉"[2]；是他反复强调的思维基础。他大力褒扬元初以来诸儒扶正辨邪、表彰理学之功。他赞扬许衡在北方对朱子学的传播，曰："国人知有圣贤之学，而朱子之书得以行于斯世者，文正之功甚大也。"[3] 他特别欣赏刘因对老庄人生哲学的批判，以及其对时人奉老庄之学而假孔孟程朱之名的揭露，认为刘因的理学有"考察于异端几微之辨"，"国朝之初，北方之学者，高明坚勇，孰有过于静修者哉！"[4] 对于吴澄，虞集则将其置于元代理学中更为重要的地位。他为吴澄作《行状》，历数自孟子以后千五百年的理学统绪，认为吴澄乃近世理学之重镇，"历观近代进学之勇，其孰能过之"[5]。吴澄在国子监讲学，汲取陆学反求内心德性以致知的方法，先"尊德性"后"道问学"，受到攻击。虞集为之辩解，说许衡、吴澄之学"皆圣贤之道"，并无二致。

---

[1] 虞集：《道园学古录》卷十一《顺庵铭跋》，《四部丛刊初编》本，上海书店出版社，1989年。
[2] 虞集：《道园学古录》卷二十二《五色屏风记》。
[3] 虞集：《道园学古录》卷六《安敬仲文集序》。
[4] 虞集：《道园学古录》卷四十四《临川先生吴公行状》。
[5] 虞集：《道园学古录》卷五《送李扩序》。

他认为吴澄兼取陆学的方法,并不是背离朱学,而是对朱学的发展,"天下之理无穷,而学亦无穷也。今日如此,明日又如此,止而不进非学也"[1]。这些言论,不仅反映他对吴澄理学思想的继承和支持,同时也表达出他对元代理学中某些固守成规、不思进取现象的不满。

至于虞集对陆九渊心学的态度,可以说是十分推崇,并主张调和朱陆差异。他在讨论南宋理学时特意指出:"时则有若陆子静氏,超然有得于孟子'先立乎其大者'之旨,其于斯文互有发明,学者于焉,可以见其全体大用之盛。而二家门人区区异同相胜之浅见,盖无足论也。"[2]首先,从这段话里可以看出虞集对陆学的推崇,他强调陆氏心学并非陆九渊凭空独创,而是肇始于孟子,这种说法不仅在统绪上为陆学正名,而且大大提高了陆学的地位。其次,他认为朱学、陆学"互有发明",只有合会朱陆,方能见理学之"全体大用"。因此,他将朱陆门人各自标榜、互相攻讦的作法视为浅薄;同样,他对那些动辄便以吴澄之学为

---

[1] 虞集:《道园学古录》卷四十四《临川先生吴公行状》。
[2] 虞集:《道园学古录》卷五《送李扩序》。

陆学的非议嗤之以鼻，认为"陆子岂易言哉？彼又安知朱陆异同之所以然？直妄言以欺世拒人耳"。那么朱陆异同究竟如何，虞集并没有直接回答，其实，他想强调的是朱陆的异曲同工及两者间的互补性。

以上我们考察了虞集的理学思想，以求有助于认识理学对其史学的影响。反映在虞集史学思想中的理学倾向主要有三个方面的特点。

第一，受程朱观史以求义理思想的影响，虞集认为治史的目的在于识"理"，要从历史的盛衰治乱之处，思考历史变通之理。他说："夫古今治乱之迹不考，则无以极事理之变通，又史学之不可不讲也。"[1]在这里，虞集继承了程朱考古以察理的观点，但是没有固守程朱先经后史的陈说，而是充分强调了史学在穷极事理中的重要作用，这是具有积极意义的。他批评当时一些学者趋乎道德性命之学，但不重学问的做法，指出："所谓博闻多识之事若将略焉"，"而名物度数之幸在者，又不察其本原，诚使有为于世，何以征圣人制作之意，而为因革损益之器哉！"[2]他提倡多读书，以博

---

[1] 虞集：《道园学古录》卷三十一《送饶则民序》。
[2] 虞集：《道园学古录》卷七《鹤山书院记》。

闻广识来考察名物制度的本源和演变,并因此知古今治乱因革之由。事实上,虞集自己从年轻时便注意"备闻前修格言,考核前代典故"[1],从典章制度的沿革中求历史盛衰治乱之理。仁宗即位以后,虞集除太常博士,《元史·虞集传》记宰相拜住经常向他请教礼器祭义等名物典制,"集为言先王制作,以及古今因革治乱之由,拜住叹息,益信儒者有用"。

第二,以王道德治为标准,考察历史的兴废存亡。王道是儒家古老的命题,与王道相反,先秦法家提出了"霸道"的政治模式,主张利用权术、刑法来达到统治的目的。王道、霸道的对立又与历史上的义、利之争相联系。北宋二程首先从理的角度说明历史上王道、霸道的分别,朱熹继承二程观点并作了进一步的发挥。在王霸义利问题上,虞集基本上是继承程朱思想的,但他在运用王道、德治标准考察治乱兴衰,总结历史经验时,则有他独立思考的一面。虞集主张实行王道的"德治",而德治的核心是"仁"。这一思想在他主持并撰定的《经世大典·宪典》各篇的序录中

---

[1] 欧阳玄:《圭斋文集》卷九《虞雍公神道碑》。

第九章　虞集的理学倾向与史学理念

有比较集中的体现。他说："天地之道，至仁而已。国以仁固，家以仁和。故国不仁则君臣疑，家不仁则父子离。父子离，无所不至矣；君臣疑，亦无所不至矣。故《易》有著履霜之戒，《孟子》有仁义之对，审哉！"[1]他把"仁"作为天地之道，治家治国之本，并指出不守仁义之道可能产生的恶果。守仁义之道就是实行王道，《宪典》各篇的叙录处处表现出这种精神，比如他认为国家刑法只是德治之余一种辅助手段，"古者圣人以礼防民，制刑以辅其不足"[2]。"教化不足，然后制以刑，而非得以也"[3]。《宪典》虽然也记诉讼刑狱等制度，但他们期望的是以王道德治达到"无讼""无刑""狱空"等局面。虞集继承程朱的王道思想，从历史总结的角度，把伪诈的产生归结于霸道的施行，他说："霸代王而淳朴散，利胜义而诈伪生，其由来亦久矣。"[4]由此可见，他否定霸道的态度是十分明确的。

---

[1] 虞集等《经世大典·宪典·大恶序录》，收入苏天爵《元文类》卷四十二，四部丛刊初编本，上海书店出版社，1989年。以下凡引《经世大典序录》，均出自《元文类》卷四十至四十二，不再详注出处。

[2] 虞集等《经世大典·奸非篇序录》。

[3] 虞集等《经世大典·户婚篇序录》。

[4] 虞集等《经世大典·诈伪篇序录》。

在提出以王道德治为兴治标准后，虞集又进一步强调了确立纲常名分的关键性。他归纳《春秋》经传所述史实说："《春秋》道名分，实尽性之书也。分上下不辨，则民志不定，乱之所由生也。必君君臣臣、父父子子、夫夫妇妇之分定，则王道行矣。"[1] 他把维护上下尊卑的名分等级看成是推行王道的基本保证，只有尊卑上下之位分辨清楚，各行其常，不违名分，王道才能施行，天下才能得治，否则便会生乱。

第三，强调学校和教育有益于治道的历史经验。虞集在《经世大典·礼典·学校序录》中说："古有国家者，设庠序学校以教其民。申孝悌之义，导仁义之方，所以扶植三纲五常之道也。故自王宫国都至于闾巷，莫不有学。秦汉以降，率是而行之则治，违是而废之则否，明效大验，不可诬也。"他强调学校和教育在"扶植三纲五常之道"过程中的重要性，并把是否能够实行教化的问题提到国家社稷治乱兴衰的高度来认识，这是对程朱重视人伦教化思想的发展，对于促进元朝统治者兴办学校教育，加速儒家思想乃至中原

---

[1] 虞集：《道园学古录》卷三十一《送饶则民序》。

文化在全国范围内的传播，具有积极的意义。虞集重人伦教化虽与他施行王道德治的要求密切相关，但他注重教育的历史作用，不仅仅局限于三纲五常的教化，也注意总结历史上通过一乡一校，传习日常生活各种技艺的教育形式，主张使"医药卜筮之流亦皆有肄习之所，则名一艺者咸精其能矣"[1]。

二、《经世大典序录》的经世治平意识

《经世大典》的编撰始于天历二年（1329年）冬，时元文宗在帝位之争中取得彻底胜利，转而表示偃武修文，下旨命仿唐宋会要之体，总结本朝典故。至顺元年（1330年）二月，命奎章阁专职编撰，以赵世延、虞集为总裁；秋七月，赵世延以疾退，此后由虞集专领其事。至顺二年（1331年）五月一日，大典"草具成书"。后又经修订润色，装潢成帙，于至顺三年（1332年）三月表进皇帝。[2]《经世大典》全书880卷，分帝

---

[1] 虞集等《经世大典·礼典·学校序录》。
[2] 以上据虞集《经世大典总序》、欧阳玄《圭斋文集》卷十三《进经世大典表》。

号、帝训、帝制、帝系等君事4篇，治典、赋典、礼典、政典、宪典、工典等臣事6篇，共10篇。其体例虽仿唐宋会要之体，但也有其特出之处，比如臣事各篇名目所仿"则《周礼》之六典"[1]；又如在每篇、每目之前，皆有序录，往往介绍内容梗概，勾勒演变原委，起到画龙点睛的作用。大典正文今已大量散佚，而完整保存下来的《经世大典序录》则为后世了解这部大典的内容梗概和元代典制的因革大势，为人们认识作者的思想留下了宝贵材料。

从有关材料的考察来看，将《经世大典序录》的作者定为虞集应无疑问。首先，与虞集同时又相知的苏天爵在元统二年（1334年）编纂《元文类》，收入了《经世大典序录》的全部内容，并在目录中署明作者为虞集。其次，至正元年（1341年）和至正六年（1346年），由虞集的门生，福建廉访副使斡玉伦徒和江西湖东道肃政廉访使沙剌班先后为虞集刊印了《道园学古录》《道园类稿》两部文集，两书都收有《经世大典序录》，书前有欧阳玄的序。欧阳玄不仅是虞集至交，

---

[1] 欧阳玄：《圭斋文集》卷九《虞雍公神道碑》。

第九章　虞集的理学倾向与史学理念

也参与了《经世大典》的编撰，他为虞氏文集作序，自然是对该书收入《经世大典序录》的认同；另外还要顺便指出，《元文类》和《道园学古录》《道园类稿》刊印时，虞集仍然在世，他应该知道这几部书收录的内容，想必也不会将别人的作品归到自己名下的。虞集熟知元朝开国以来的典故，所谓"欲考典礼之遗逸，尽乎一代之制作者,亦必以公为归"[1]。他总裁《经世大典》的修撰，不仅议立篇目，网罗文献，"悉取有司之掌故而修饰润色之，通国语于尔雅,去吏牍之繁辞"[2]，而且在各篇的序录中交待立目旨意，反映了他总括一代制度模式，提示原委，裁断得失，为现实社会提供参考的经世意识。虞集在大典序录的经世治平意识中，有两点是比较突出的。

第一，他充分肯定了元朝统一的多民族国家的历史发展及其深远的历史意义。自唐以后，我国历史上长期存在宋、辽、金、夏等分立政权，元朝的建立，

---

[1] 赵汸：《东山存稿》卷六《邵庵先生虞公行状》，《文渊阁四库全书》第1221册，上海古籍出版社，2003年。

[2] 虞集：《经世大典总序》。

在"北踰阴山，西极流沙，东尽辽左，南越海表"[1]的辽阔区域内形成了一个空前强大的、统一的多民族国家。虞集在大典的《帝号》《赋典》序录中，肯定了元朝"致四海之混一"的历史功绩，论述了"若夫北庭、回纥之部，白霫、高丽之族，吐蕃、河西之疆，天竺、大理之境"皆归于一，"八纮万国，文轨攸同，总总林林，重译归化"这种多民族组合、国家统一的宏大规模；以及在这片"舆地之广，前所未有"的国土上，"分天下为十一者，以山东、西，河北之地为腹里，隶都省；余则行中书省治之。下则以宣慰司辖路，路辖府州若县，星罗棋布，灿然有条"的行政建置。从而感叹"自古有国家者，未若我朝之盛大者矣"。至于大典序录中对于元朝立国几十年间在经济、政治、文化方面成就的论述和总结，更是反映了虞集对统一的多民族国家历史发展的深刻认识。例如，在经济生产方面，他概括了元朝鼓励农桑，使"老者得其所养，少者有以自力"，国家"贡赋益夥"[2]的繁荣气象；同时也概述了元朝注重水利建设，开通惠河、会通河，导浑河、

---

[1] 宋濂：《元史》卷五十八《地理志一》，中华书局，1976年。
[2] 虞集等《经世大典·赋典·农桑序录》。

疏滦水、浚冶河、障滹沱，西治陕西三白河、东为江浙立捍海横塘，而使民"免没溺之患"，得灌溉、漕运之利的成就。[1] 在政治方面，虞集通过《治典》《宪典》等序录，总结元朝兴百官、轻刑狱，内修德治的方针策略，尤其颂扬文宗一朝，"任贤辅治，崇德报功"；"亲九族而协黎庶"；"颂声作于朝廷，泰和浃于荒裔，治平之迹，盖有不胜其纪者"的政治局面。而在《政典》等序录，则指出："成庙以来，敷文享成，边垂安，间有小警，德明德威，寻致敉宁。"说明边防上"德明德威"，不战自安的成就；外交上则强调了通过海外贸易，传播"国家声教"，达到"绥怀无远不及"的效果。[2] 虞集还在《礼典》各序录中，分析了元朝大兴文治，在文化教育方面所取得的进步。他概述元代的教育，是"百年之间，幅员万里，舍相望，何其盛也"。他论述元朝的文化事业，在管理机构上，"其主典之官，则有翰林、国史、集贤等院，秘书、国子等监，而律历、阴阳、医卜之事，竺乾之教、老庄之说又各有其人焉"，由于公私藏书的丰富，蒙文、汉文并行，元代文教蒸

---

[1] 虞集等《经世大典·赋典·市舶序录》。

[2] 虞集等《经世大典·工典·河渠序录》。

蒸日上,"所谓唐虞之际,于斯为盛矣"。

虞集生当元代中期,在元初学者承认历史转变、民族组合的思想基础上,从社会现实的观察中,认识元朝统一大业的历史意义,颂扬"我国家幅员之广极,天地覆焘"的宏大气象,阐述统一的多民族国家"为生民之命而开太平之基"的历史作用;并以务实的态度,客观看待元朝政权改善民族政策,推行汉法,大兴文治,发展经济的成就,从而在历史记载中给予系统阐述和概括。诚然,作为封建王朝的史臣,虞集在歌颂元朝统一大业的同时,又不免有溢美之词,但是,这种历史意识符合我国史学思想正确的发展方向,它不仅客观反映了元朝统一国家的历史进程,而且对于当时在史学观念和政治观念中,不断冲决夷夏之防,增强统一的多民族国家意识,具有积极的思想意义。

第二,从典制总结中提倡和彰扬养民厚生的思想。养民厚生的认识基础是儒家传统的重民思想,虞集接续孟子、程朱以来"重民""养民""恤民"的学说,结合元代历史的实际经验,对于养民厚生的具体措施作出新的提倡,从而丰富和发展了这种进步的思想。在《经世大典》中,虞集把养民厚生的方略作为元朝的基本国策反复强调。《赋典》总序说："民者，国之本。""我祖宗创业守成，艰难勤俭，岂易言哉！大率以修德为立国之基，以养民为生财之本，布诸方策，昭示后裔，以垂宪万世者，宁有既乎？"在这里，虞集"民为国本"的说法包括了两层意思，一方面，他认为民众是皇朝统治的基本对象，如果统治者不重视民心向背，就会失去民众的支持，所谓的王道德治也就没有社会基础了；另一方面，他切实地认识到民众是国家财政的来源，只有养民才能富国，否则，巧妇难为无米之炊，王道德治自然也是一句空话。

至于如何具体地实施养民厚生之道，虞集在大典的序录中有多方面的论述。其一，他提倡重农桑，使民有所养。在《赋典·农桑》序录中他说："农桑者，王政之本也，可不重哉？我世祖皇帝从左丞张文谦之请，立司农官颁农政，化天下以敦本就实之道。老者得其所养，少者有以自力。教之蓄积之方，申之学校之义。牧民之官，法其勤惰；风纪之官，严其体察。岁终以为殿最，其法可谓至矣。迨夫列圣相承，纶音诞布，必谆谆以劝农为言，皆所以为生民之命而开太平之基者。"衣食为养民之民需，因而也是王政之本，自忽必烈之后，元朝确实改变了蒙古时期破坏农业，"悉空其人以为牧地"的作法，充分重视农业，在此基础上发展了经济。虞集概括了从中央到地方加强和督促农业建设的各种措施，他把这些重农举措看作是"敦本就实"和"开太平之基"的养民之道，予以大力推扬，并作为重要的历史经验巩固下来。

其二，认为养民厚生要善于理财。理财的指导思想仍然是以民为本，他说："治财之道厚民为本，民者财之府，财者民之命也。故治财者先义而后利，教民顺；先利而后义，教民争。故治财者先民而后国，国常富；先国而后民，国常贫。"[1] 在这里，虞集对民与国、富与贫、义与利、顺与争的辩证关系有深刻的体认，这种厚民为本、养民取财的治财思想虽也植根于理学的王道德治理论，然而却非一般理学家的迂阔和不着边际的老调重弹，而是注入了虞集对元初以来几次大规模理财活动的历史思考。虞集从理财的角度赋予王道德治鲜活的思想内容，尤其是他对于"先民后国、先义后利"的锐识和理性分析，更是给人耳目一

---

[1] 虞集等《经世大典·宪典·食货序录》。

新的感觉。在理财的具体措施上，虞集特别强调要做好田税的管理，一方面要"善治"，通过"履亩而税"之法，抑制豪强兼并土地、偷税漏税，避免贫民因"产去而税存"出现的不合理负担；另一方面不能"扰民"，他批评延祐初"期限猝迫，贪刻并用"的作法，指出只有以厚民为本，才能达到"人不扰而税有恒"的目的。[1]

其三，提出"节国用"的主张。元代的手工业非常发达，中央和地方手工业局院分布甚广，蒙古贵族注重手工业的发展，除军事和生产上的需要外，又与他们大量利用工匠制造奢侈消费品有关。虞集从"养民厚生"、爱惜民力的角度提倡节用，他说："有国家者重民力节国用，是以百工之事尚俭朴而贵适时用，戒奢纵而虑伤人心，安危兴亡之机系焉，故不可不慎。"[2] 他认为百工之作只要适用即可，只有尚俭朴、戒奢纵，才能避免费民力、伤人心；更为高明的是，虞集没有停留在增加财富、爱惜民力的层面理解节用的意义，而是把节国用、重民力和国家的安危兴亡联

---

[1] 虞集等《经世大典·赋典·经理序录》。
[2] 虞集等《经世大典·工典总序》。

系起来，告诫统治者对此不可掉以轻心，必须采取慎之又慎的态度，由此表现出他在历史认识方面的纵深维度。

其四，提倡多施仁政，对当时统治制度的弊病给予一定的批评和揭露。虞集在《经世大典》中总结了元朝建国前后养民厚生的一些仁政，并予以大力彰扬和提倡。比如，他认为自太宗九年（1237年）以来建立的惠民药局"救疗贫民，俾无疾病之患"，体现了"列圣大德好生之心"[1]；他称颂至元六年（1269年）开始设立的义仓、常平仓发挥了"饥不损民，丰不伤农"的作用，平时调节粟值，灾时赈灾济民，"诚救荒之良法也"[2]；他还总结元朝"薄税敛，宽督责"，"或有灾，诏书迭下，除其赋税，以优民力"等仁政，甚至渲染出一幅"垂白之老不识公吏，熙熙陶陶，咸乐太平之世"的盛世图卷[3]。但是另一方面，他也针对当时一些社会弊病进行了揭露，比如，他指出常平、义仓的设立到了天历、至顺年间"名虽存而实废焉"，要求当政者应

---

[1] 虞集等《经世大典·赋典·惠民药局序录》

[2] 虞集等《经世大典·赋典·常平义仓序录》。

[3] 虞集等《经世大典·赋典·蠲免序录》。

有养民厚生之心，使常平、义仓能名至实归，得以恢复。孟子认为民无"恒产"则无"恒心"，民只有衣食足以后才能行仁义，因此仁政应先施利于民。虞集继承孟子的思想，把这个道理讲得更为透彻明白，他说："夫盗贼岂人情哉？或迫于饥寒，或驱于苛政，或怵于诱胁，出于不得已者十常八九。至于白昼攫金于市，略人为货者，皆有司不能其政所致。使人人各得其所，乌有盗贼哉？"[1]他指出使民犯罪的祸端是为政不仁，剥夺了子民最基本的生活保证，使之铤而走险。虽然虞集不敢非君，但他毕竟站在子民的立场上揭露和批评了"有司"为政的弊端，这是他养民厚生史学思想中可贵的理论。

三、历史借鉴与文献征实的观念

元承宋祚，南北宋三百多年，为什么最终不能维续？与宋朝同一时期相继出现的辽、金、西夏等政权为什么终归灭亡？元朝的建立和发展如何避免历史上

---

[1] 虞集等《经世大典·宪典·盗贼序录》。

的覆辙，这些问题不能不引起元代思想家、史学家的注意和思考，因此，在虞集的史学思想中表现出强烈的历史借鉴的要求。首先，虞集很注重历史经验对于人君的资鉴作用。他认为人君"凡将图治，慎在求闻"，"而古今治乱之迹可以鉴观"，在探讨历史经验时，不仅要观"先王之法"，吸取正面经验，而且要鉴"末世之事"，以求"有戒于前车"[1]。他特别强调历史借鉴在君王政治统治中的重要意义，他说："古之人君能自得师者，莫先于稽古。""后世岂无聪明之君，而无睿哲之实者，弗考于古训故也。"他还指出人臣"爱君"之道，应博洽治乱兴衰之迹，广人君聪明之识；那种不知古学，以"阿顺旨意为敬"和"承奉疏节为忠"者，于君独何利哉！[2] 因此，他在泰定帝时任经筵讲席，便常取经史中切于治道者进读；文帝时他入值奎章阁，"每承诏有所述作，必以帝王之道、治忽之故，从容讽切，冀有感悟；承顾问及古今政治得失，尤委曲尽言，或随事规谏"[3]，极尽人臣"爱君"的职责。

---

[1] 虞集：《道园学古录》卷十二《经筵谢宣表》。
[2] 虞集：《道园学古录》卷二十三《皇图大训序》。
[3] 宋濂：《元史》卷一百八十一《虞集传》。

第九章　虞集的理学倾向与史学理念

高度重视对宋、辽、金三史的修撰,是虞集历史借鉴思想的迫切要求和集中体现。他特别强调三史修撰的意义和紧迫性,指出三史修撰是关乎"前代之得失"传与不传,"圣朝之著述"立与不立的大事。[1] 虞集对"辽金宋史累有圣旨修纂,旷日引年,莫有当笔"的状况甚为担忧,他分析三史迟迟未能成修的原因,认为主要有两个方面,一是文献阙佚,二是正统问题。在虞集看来,"三史文书阙略,辽金为甚",辽事相距稍远,难以补救;而金事因"国家初入中原,政与金亡时事相关系",仍有许多史料可供采集;宋朝国史保存较为齐备,但民间也有一些文献可以补充。他的《道园学古录》中记载了不少搜集三史文献的事例,他在卷四二《肃政廉访司事赵公神道碑》中说:"集昔承乏国史,观乎中州当国家兴王肇基之初,而究乎亡。金丧乱之迹,以补史之阙文。"这篇碑文与卷十一的《孟同知墓志铭跋》中反映了他在搜罗金史史料时对事状、碑铭的利用;而卷十《题孝节常记后》一文则记录了对宋末蜀地史料的分析。元修三史,长期为正统问题所

---

[1] 虞集:《道园学古录》卷十二《代中书平章事张珪辞职表》。

困扰,从元世祖起,历仁宗、英宗、文宗直至元末,争论七八十年,延误了三史的编撰。以理学思想为指导的史家、学者大多主张以宋朝为正统、辽金为闰位,他们继承朱熹"正统"观中"夷夏之辨"的内容,视辽金为边夷,人为地贬低了辽金两朝多民族共同发展的历史地位,这是不符合客观实际的。当时与虞集往来密切的学者欧阳玄、揭傒斯即曾支持过这种观点,然而具有鲜明理学思想倾向的虞集却在这个问题上有清醒的认识。他在《道园学古录》卷三二《送墨庄刘叔熙远游序》中对三史体例表达了自己的看法:"天历、至顺之间,屡诏史馆趣为之,而予别领书局,未奏,故未及承命。间与同列议三史之不得成,盖互以分合论正统,莫克有定。今当三家各为书,各尽其言而核实之,使其事不废可也。乃若议论,则以俟来者,诸公颇以为然。"所谓天历、至顺间"予别领书局",当指领修《经世大典》事,文宗屡诏修史,终因正统之辨而莫克有定。虞集虽未能参与其事,却一直思考三史修撰的问题,他以史家务实的眼光,冲破理学理想中"夷夏之防"观念的局限,率先提出辽、金、宋"三家各为书,各尽其言"的编修体例。"乃若议论,则以俟来者",三史各为书的体例虽看似权宜之计,但在客观上承认了三朝并立的历史实际,表达了对宋、辽、金平等看待的原则。"三家各为书"的编修体例,实为后来脱脱三史"各与正统"之先声,虞集为元修三史的贡献是值得肯定的。

历史借鉴要有坚实的文献材料为基础,因而虞集的历史借鉴观又与文献征实思想密切相联。虞集一生以博洽著称,他的史学撰述,无论是主编《经世大典》,还是独立撰写的人物碑铭行状,都以综罗文献、信而有征为前提。他的文献征实思想有以下几方面的特点和成就值得总结。

第一,博采文献资料,及时为当朝人物撰写碑传行实,以为后世著史之征。虞集生当元代中期,面对故老凋零、旧文散落对于史实求证的严重威胁,特别强调网罗文献,抢救和保存各种史料,以资史证。他说:"故老既无存焉者而遗文野史之略无足征,故常以为意,遇有见闻必谨识之。"[1] 又说:"太平日久,旧文散失,苟有可称者无巨细,执笔不敢忽也。"对于有用的

---

[1] 虞集:《道园学古录》卷四十《跋张方先生传后》。

史料，"事无巨细，闻见必录"，这是虞集博采文献的原则。按照这一原则，他利用在史馆任职的机会，收集许多世家功臣的事迹材料，撰写了大批人物碑铭行状。综观虞集传世的两部文集，可以看到，在《道园学古录》中收有碑传90人，《道园类稿》中所收碑传除去重复又有55人，共达145人。虞集所撰碑传以询访故老、参稽行状为基础，因而材料丰富，行实准确，具有较高的史料价值。首先，他撰写的公卿大夫碑志中，有不少在《元史》中无传，这些碑传材料可补《元史》传记之缺。比如《道园类稿》卷三九记江西监宪沙剌班，卷四一记大学士夏希贤，卷四二记彭城郡侯完泽，卷四三记天水郡侯秦起宗、怀孟路总管崔侃、湖南宪副赵天纲，卷四六记都漕运副使张仲温等人，皆于《元史》无传。《道园学古录》所收碑铭，如卷十三所记中奉大夫赵淇、两浙运使智受益、管军中千户刘济，卷十五所记户部尚书马熙，卷十六所记高昌王月鲁哥、侍御史建都班，卷十七所记宣徽院使贾秃坚里不花，卷四一所记江西平章政事伯撒里、集贤学士张广孙，卷四二所记肃政廉访使杨式腊唐吾台、廉访司事赵思恭等，也为《元史》列传所缺。其次，有些碑铭虽所述人物在《元史》中有传，但由于虞集重史料博采的风格，也使他撰写的碑铭多有可补《元史》列传之处，这方面的价值已引起元史研究有关专家的注意。其三，虞集广求人物材料，不仅记勋旧世家、文武公卿及百官行事，而且特别注意发掘和表彰处士隐者的事迹。他说："史臣书事惟战功、文学、治迹则易书，隐君子之为德则难言也。一世犹难言之，况乎累世乎？"他非常赞赏《史记》的《伯夷传》和《后汉书》的《黄叔度传》，认为正由于那些有德君子埋名隐逸，事迹难寻，而史者予以表彰，方显出文献征实之功。基于这种思想，虞集在他的两部文集中收有许多隐君处士的碑传，这些人物绝大多数为《元史》未收，因而大大扩充了元朝人物事迹记载的范围。

第二，重视对谱牒的利用。虞集对家谱的发展和史料价值有清晰的认识，他认为谱学起源于三代大宗小宗之法，以使"功臣世德之家所以传代，与其国家相为始终"；秦汉世变，宗法久废，世系泯没；"魏晋下逮隋唐，徒以百官名臣之族姓，家有谱牒，官有簿状，婚姻选举，互为考证"，谱学的发展达到高潮。虞集虽然对魏晋隋唐间婚姻选举徒以门阀大族谱系为据的做法略有微辞，但却肯定了谱乘材料记载世系，"虽世代促迫，功烈不及于古，后之君子犹有所征"的价值。[1]他对谱牒发展线索及其文献功能的分析是明确而中肯的。宋元之交战乱频仍，宗族离散，世系淆乱，虞集在考证前朝人物世系的过程中，充分发挥了家谱的征实作用。从他的文集中可以看到虞集曾广泛涉猎宋代各种家乘世谱，爬梳材料，为考史资粮。以《道园学古录》的卷三二《临川晏氏家谱序》、卷四十《跋双井黄氏家谱后》《跋曾氏世谱后》《跋刘墨庄世谱后》等文为例，就反映出虞氏对王安石、司马光、吕公著、韩琦、富弼、曾巩、晏殊、陈尧咨、乐史、刘敞等名门故家，以及双井黄氏，临川李氏、陆氏、罗氏、何氏等家谱世谱的搜寻和利用，征考他们在南渡及"内附"以后的世系繁衍及子孙在各地的分布。在私家谱乘材料的基础上，虞集的宋元氏族研究左右逢源，充分显示了这些材料在征实、补史方面的作用。

第三，重文献考辨与坚持实录的思想。"读万卷书，行万里路"，通过实地访问考察，补史料不足或

---

[1] 虞集：《道园学古录》卷三十《送刘熙叔墨庄远游序》。

稽史料之实，是自司马迁以来史家的优良传统。虞集主张史家之游观"慎毋苟然"，要通过"观夫山川之形胜，封疆之离合，考古人之遗迹，风气之变通，习俗之升降，文史之遗阙"而达到"肆其问学、资其见闻"，考辨文献的目的。[1] 这种既充分利用文献，又不为文献所囿的态度，是对史学认真负责的态度。虞集将此贯彻于史书的编撰过程之中，在编修《经世大典》时，他除了采枢密院、御史台、六部总治中外百司之官牍及四方上报的公文，还注意通过各种查访以稽实文献。如记载各地和藩属的山川形势、语言风物，则经常访问往来使者，"辎轩使者之问，不敢怠忽"[2]；记国家贵戚世系、勋臣功绩，则"必移文其家，按其文字石刻与简册不谬，又询其子孙，至于故老，而后谨书之"[3]。在文献考辨的基础上，虞集坚持史学的实录精神，他所作碑文甚多，"然碑板之文，未尝苟作"。南昌有富民伍氏饶于资产，因富甲一方，娶诸王女为妻，并得

---

[1] 虞集：《道园学古录》卷五《藁城董氏世谱序》。

[2] 虞集：《雍虞先生道园类稿》卷三十二《和林志序》，《中华再造善本》，北京图书馆出版社，2006年。

[3] 虞集：《道园学古录》卷四十《跋曾氏世谱后》。

充诸王下郡总管，死后其子托人请虞集作墓志铭，"集不许"[1]。相反，他对宋朝臣将抗金抗元，不惜以身殉节的事迹，则能不避时讳，予以表彰。如分析宋金和战得失时，他称赞岳飞"锐然以恢复自任，所向有功"，郾城之役和朱仙镇之战"恢复之业系焉"；贬秦桧卖国和议，杀岳飞父子，使"中原不复余望"[2]。尤其是记抗元宋臣事迹时，持论不讳地褒扬他们的忠烈死节，他为常州抗元儒将陈炤立传，记陈炤守城"当矢石四十余日"，城破仍坚持巷战，宁死不弃城而逃的忠烈气节[3]。在《道园学古录》卷三三《题文丞相后》和《道园续稿》卷三《挽文山丞相》两诗中，他盛赞文天祥"矢死终天更不疑"的忠心，并为文天祥或者说是南宋的悲惨结局而发一番"大不如前洒泪时"的感慨；此外，他在《题孝节堂记后》等文中也表彰了一些南宋忠孝死节之士。虽说到了虞集生活的元中期，元朝统治已相对稳固，不再视表扬前朝忠烈为违碍，而恰恰需要宣传这种忠君精神，但有时也曾引起元帝有关"人言

---

[1] 宋濂：《元史》卷一百八十一《虞集传》。
[2] 虞集：《道园学古录》卷四十《跋宋高宗亲札赐岳飞》。
[3] 虞集：《道园学古录》卷四十四《陈炤小传》

汝前代相臣子孙",为文"适美前事"[1]的疑问,因而虞集辨正史料。坚持实录的精神确是难能可贵的。

虞集的一生投入了大量时间和精力从事史学研究和撰述,虽然他的史学思想带有程朱理学的明显烙印,但是考古以求理的哲学思辨加深了他对历史价值的思考,使他充分认识到史学在总结历史经验、指导现实社会进步方面的积极意义。他总结典制为经世治平之用的历史意识,以及历史借鉴和文献征实思想,促进了元代史学的发展,对元修三史以及对欧阳玄、苏天爵等人的史学工作有深刻影响。其史学实践的成就为后世元史研究积累了大批材料,如明修《元史》便大量利用了《经世大典》的内容,钱大昕的《元史氏族志》则依靠了虞氏文集的碑铭志传。从这个意义上讲,虞集在元代史学中的地位值得肯定;而钱大昕仅据虞集人物碑传中的少数错误,便批评虞集"能古文而未究心史学"的说法[2],则是难以令人苟同的。

---

[1] 赵汸:《东山存稿》卷六《邵庵先生虞公行状》。
[2] 钱大昕:《潜研堂文集》卷三十一《跋〈道园类稿〉》,《四部丛刊初编》本,上海书店出版社,1989年。

第十章　马端临史学的经世致用思想

马端临的《文献通考》共三百四十八卷，这部典志通史"纂集古今，浩瀚该博"，以开阔的视角对以前的历史进行了总结，文献资料和思想内容都极其丰富。由于它在史学上的重要地位，前贤今哲研究甚多，对其史学思想或从科学性、人民性方面进行分析；或从会通的原则、经济的特点加以阐述。然而依笔者浅见，在元代史学的发展进程中，马端临《文献通考》最突出的还是它"知前代之典章，识当今之体要""济世""有用"[1] 的史学经世思想。其思想要旨和时代意义可以从以下几个方面来认识。

---

[1] 马端临：《文献通考·抄白》，上海师范大学古籍研究所、华东师范大学古籍研究所点校，中华书局，2011年，第1册，第25页。

一、思想渊源与编撰意图

马端临早年曾从"精诣朱子学""博学知名"的曹泾受业。曹泾,字清甫,休宁人,《宋元学案》卷八十九《介轩学案》中有传,列为"晦翁续传"。马端临作为"曹氏门人",因此附有一极简单的小传,但是无论如何,了解他的理学渊源,对于准确把握《文献通考》的史学思想十分有益。马端临的另一学术渊源来自家学,其父马廷鸾在南宋咸淳年间曾任右丞相兼枢密使,家中藏书甚丰,又重读书课子,因此马端临说:"窃伏自念,业绍箕裘,家藏坟索,插架之收储,趋庭之问答,其于文献盖庶几焉。"[1] 马廷鸾撰有史著《读史旬编》,在史学上对其子也颇有影响。在《文献通考》中,马端临以"先公曰"的形式,记载其父的论述多达二十余条。

马端临确实经历了南宋亡国之痛,《文献通考》关于宋朝历史的内容也很多,但不是抒故国怀念之情,

---

[1] 马端临:《文献通考·自序》,第1册,第2页。

而是对宋代衰亡历史教训的总结和反思。至于是否"不仕",严格地说,马端临最后还是出仕了,按照《宋元学案》的记载,马端临开始辞仕,是因侍候父病,"及父卒,稍起为慈湖、柯山二书院长,教授台州路"。山长虽非命官,但儒学教授秩九品,是《职官志》里明载的。应该看到,到了至元末年和成宗之交,随着元廷"行汉法"以及一些尊儒政策的出台,如兴复各地州县学校,归还学田,下诏崇奉孔子,特别是儒户定籍和差役优免,等等,使故宋士人的思想态度发生了很大变化,原来的反元情绪到这时渐渐平息下来,他们开始认同南北中国的统一。政治环境的改善,使得一些本来就有"道济天下"的退隐儒士逐步出而就职。当然,由于元廷一直存在对"南人"的歧视政策,江南士人出路一般只是低级的吏职或教授这种冷官。由此看来,马端临的出仕正是顺应了当时社会发展的总趋向,这不仅无可非议,而且恰恰说明了他的用世倾向。明确以上的缘由,对于认识马端临为"济世之儒",施"有用之学",以及《文献通考》"凡于治道有关者,无不彪分汇列,井井有条,治国安民,特举而措之"[1]的经世之用是十分必要的。

马端临在《文献通考》的《自序》中非常明确地交代了著述的指导思想。首先,他强调史学的"会通因仍之道"。贯通相因的通史家风,是司马迁所创立的优良史学传统,为唐宋史家刘知幾、郑樵所表彰,更为司马光的《通鉴》所发扬。马端临指出了《史记》作为良史的会通特点,批评自班固以后断代为史,"无会通因仍之道,读者病之"[2]。他说,除《史记》外,有两部史书在"会通因仍"上最具代表性,一是《通鉴》,表"理乱兴衰"之因,"司马温公作《通鉴》,取千三百年事迹,十七史之记述,萃为一书,然后学者开卷之余,古今咸在"[3];二是杜佑的《通典》,表"典章经制"之因,"唐杜岐公始作《通典》,肇自上古,以至唐之天宝,凡历代因革之故,粲然可考"[4]。其次,在分析了历史撰述中"会通"的不同形式后,马端临认为,"典章经制"史书最能体现"会通因仍之道"。他说:

---

[1] 马端临:《文献通考·抄白》,第1册,第25页。
[2] 马端临:《文献通考·自序》,第1册,第1页。
[3] 马端临:《文献通考·自序》,第1册,第1页。
[4] 马端临:《文献通考·自序》,第1册,第1页。

> 窃尝以为理乱兴衰，不相因者也。晋之得国异乎汉，隋之丧邦殊乎唐。代各有史，自足以该一代之始终，无以参稽互察也。典章经制，实相因者也。殷因夏，周因殷，继周者之损益，百世可知，圣人盖以预言之矣。爰至秦汉，以至唐宋，礼乐兵刑之制，赋敛选举之规，以至官名之更张，地理之沿革，虽其终不能以尽同，而其初亦不能以遽异。[1]

应该说，马端临关于"理乱兴衰"不相因的看法只注意了"代各有史"的特殊性，未能看到历史运动中的一般性法则，因而是偏颇的。但是另一方面，他认为典章经制的因依变革相对而言较清晰，其沿革损益也在一定程度上反映出民生日用的盈亏和时代变迁的看法，对于进一步认识典志体史书的史学价值很有意义。最后，马端临概括了继承《通典》、稽古经邦的主旨。典章经制史书虽独有其长，但马端临认为"纲

---

[1] 马端临：《文献通考·自序》，第1册，第1页。

领宏大"的《通典》仍存在"节目之间，未为明备，而去取之际，颇欠精审"等不足。基于对典章经制史书作用的认识，以及杜佑《通典》因"时有古今"，天宝以后事迹缺载等问题，马端临有意"效《通典》之成规，自天宝以前则增益其事迹之所未备，离析其门类之所未详；自天宝以后，至宋嘉定之末，则续而成之"。如此而也，"庶有志于经邦稽古者，或可考焉"。集著述之大成，为稽古经邦之用，便是《文献通考》以经世为特征的、鲜明的编撰意图。

二、经世致用思想之要旨

《文献通考》博大精深，"其考核精审，持论平正，上下数千年，贯穿二十五代，于制度张弛之正迹，是非得失之林，固已灿然具备矣"[1]。马端临对于封建社会历史的观察和分析，既有大手笔的勾画轮廓，贯通概括；又对封建制度的每一领域做细致的解剖，其具体的经世致用主张涉及经济的、吏治的、人才的、法

---

[1] 清高宗弘历《乾隆御制重刻文献通考序》，《文献通考》，第1册，第1页。

制的、军事的、民族的、文化的诸多方面，该洽万端。这里我们关注的主要是他贯通勾勒的经世思想原则和要旨，至于微观的经世致用主张则拟结合他对宋代历史兴衰经验的总结进行考察。

其一，从更为开阔的历史视角总结典章制度的因依沿革，以为经世致用。为了更为全面地总结历代典制的会通因仍，马端临取法《通典》，不仅补充了唐玄宗天宝以后至宋宁嘉定以前的典章经制，而且吸取《通志》和会要、诸史年表等长处，重析、新增门类，扩大了典制体通史的内容范围，进一步完善了这种历史编纂形式。马端临从分类体系上对《通典》的改造包括两个方面，一是将《通典》的食货、选举、礼等3门析为10门，其中最主要的是强化了《通典》注重日用民生的经世思想，把食货一门详列为田赋、钱币、户口、职役、征榷、市籴、土贡、国用等8门，从而大大增加了社会经济方面的内容。二是新增了经籍、帝系、封建、象纬、物异等5门，其中以反映社会文化的《经籍考》76卷部帙最大，也最有新意。经过这番改造，《文献通考》的门类从《通典》的9门增为24门，由此形成了大致覆盖封建社会各种典章经制的完

第十章　马端临史学的经世致用思想

整的逻辑体系，这个逻辑体系反映了马端临对封建社会经济、政治、文化生活各方面更为开阔的历史认识，当然，这种历史认识是建基于自杜佑以后500余年社会存在的变动和发展的。而马端临正是凭借着这个较为严整的体系，"会通古今，该洽载籍，荟萃源流，综统同异"[1]，以为经世之用的。

其二，从历史发展的总过程看典章经制因革的必然性，强调因势而致用。马端临分析历代典章经制的因仍变革，注意从历史的整体看问题，从历史的阶段性发展看典章经制的因革变化，按他的话说，考察典制的"变通张弛之故，非融会错综，原始要终而推寻之，固未易言也"[2]。比如，他考察古代的封建诸侯问题，便以有无"公心"为标准，将历史的总过程分为三代以前、三代、秦以后三个阶段，并从不同阶段的性质差别，说明秦以后封建诸侯之无法实行。分析田赋制度时，他指出秦汉以后，历史也有阶段性变化，"秦废井田制而始捐田产以予百姓矣……随田之在民

---

[1] 清高宗弘历《乾隆御制重刻文献通考序》，《文献通考》，第1册，第1页。

[2] 马端临：《文献通考·自序》，第1册，第1页。

者税之，而不复问其多寡，始于商鞅；随民之有田者税之，而不复视其丁中，始于杨炎"[1]。从"随田之在民者税之"，到"随民之有田者税之"，是由劳役地租形态到实物地租形态的变化，反映了封建生产关系的发展。马端临不仅看到田赋由秦汉到中唐间的变化和因革，而且看到了商鞅变法和杨炎税法的因革背后深层的历史原因。他指出，商鞅变法的推行与秦废井田、封建生产关系的逐步确立密切相关，秦制"所袭既久，反古实难，欲复封建，是割裂其土宇以启纷争，欲复井田，是强夺民田以召怨怼。书生之论，所以不可行也"[2]。而杨炎两税法的实施则与封建集权的不断发展，中唐时期土地兼并激烈，均田制被破坏的情况关联，他以为，如果"必欲复租庸调之法，必先复口分、世业之法，均天下之田，使贫富等而后可。若不能均田，则两税乃不可易之法矣"[3]。于是，他从秦汉到中唐社会历史的阶段性发展，看到田赋制度变革的必然。他批评欲恢复井田制是"书生之论，所以不可行也"；他

---

[1] 马端临：《文献通考·自序》，第1册，第4页。
[2] 马端临：《文献通考·自序》，第1册，第4页。
[3] 马端临：《文献通考》卷三《田赋考三》，第1册，第65页。

肯定杨炎之法说:"两税之法虽非经国之远图,乃救弊之良法也。"[1]《文献通考》从历史的阶段性发展看典制的因革还有许多实例,如从周、秦汉、唐宋这三个历史阶段的发展看兵制由兵民合一,到征兵、募兵制度的因革;又如从周代、秦汉到唐宋看职役制度的变化;等等。如前所释,马端临从历史变化看典制的因革,认识了社会历史运动的"势"支配典制沿革的必然性,因此在他分析典制因革时,可以看出他探索典制"变通张弛之故",主张因势致用的思想原则。

其三,与承认历史必然性相联系的,是他强调典制因仍要注意"知时适变",得经世致用之宜。应该看到,由于马端临深受朱熹理学思想关于三代帝王"心术"正,天理流行,为王道盛世,三代后帝王"心术"不正,人欲流行,是霸道衰世这一观念的影响,虽然承认历史的变动和典制因革,但是往往把历史描绘成每况愈下的倒退行程,其结论也常常是悲观的,总之是后代不如三代。然而也要看到,马端临毕竟是尊重历史事实的史学家,他没有让史学成为理学的附庸,

---

[1] 马端临:《文献通考》卷三《田赋考三》,第1册,第65页。

去论证历代制度是否合"理",而是强调了典制因仍要注意"知时适变",要经世致用,去适合历史变动之"宜"。因此,他在研究田赋制度时,指出秦废封建井田,世事已变,"反古实难","凡法制琐碎细密者,可行之于封建之时,而不可行之于郡县之后,必知时适变者,而后可以语通经学古之说也"[1]。他虽对商鞅、杨炎变革之法颇有微词,但仍肯定了二法在当时之"合宜",认为:"后之有国者莫不一遵其法,一或变之,则反至于烦扰无稽,而国与民俱受其病,则以古今宜异故也。"[2] 他强调历代典制不能食古不化地因仍,而必须知古今时异,及时变革,所以他认为杨炎两税法"以家之厚薄为科敛之轻重,虽非盛世事,而救时之策,不容不然,未宜遂非也"。他还专门拿中唐宇文融、杨炎两位政治家的作法进行比较,他说"宇文融、杨炎皆以革弊自任",但是融守唐高祖、太宗之法而"人病之","炎变法而人安之,则以其随顺人情,姑视贫富以制赋也"[3]。杨炎革弊为什么能使人安之,因为他能

---

[1] 马端临:《文献通考》卷一百八十《经籍考七》,第9册,第5347页。

[2] 马端临:《文献通考·自序》,第1册,第4页。

[3] 马端临:《文献通考》卷三《田赋考三》,第1册,第59页。

"知时适变""随顺人情",得经世致用之宜。马端临对王安石有所批评,但对其变法的大方向和某些措施还是肯定的,比如他认为王安石所颁行的募役法,便是救时之良策,"此其相与防闲之术,虽去古义远甚,然救时之良策,每不容不如此"[1]。马端临经常提到的"不容不然""不容不如此",大都是对"知时适变",更革制度,以适经世致用作法的肯定。他以史家的良知,在《文献通考》中充分体现了史学的求真与经世的结合。

三、稽宋之衰为经世之鉴

清代四库馆臣评价《文献通考》"条分缕析,使稽古者可以按类而考。又其所载宋制最详,多《宋史》各志所未备。按语也多能贯穿古今,折衷至当。虽稍逊《通典》之简严,而详赡实为过之"[2]。这里着重指出了《文献通考》的详赡,而且尤为突出的是"宋制最

---

[1] 马端临:《文献通考》卷十三《职役考二》,第1册,第383页
[2] 永瑢等撰《四库全书总目》卷八十一《文献通考》提要,中华书局,1965年,第697页。

详"。这个特点固然是马端临生活于宋元之际,一些史事身历目识,相关文献易于搜求等历史条件所致;但是另一方面则是马端临有意于详宋以补《通典》之缺,并为当世提供切实、具体的历史经验教训,以为经世者所用。由于两宋的"积贫积弱",导致最后亡国,因此马端临对宋代历史的思考,也重在对宋制积弊的分析。

一是从赋税职役制度上,分析税役贪酷之危害。宋代建国之始,内外危机严重,各项庞大的财政开支、各种繁杂的劳役都要百姓负担,乡长里正,"虐用其民",百姓"不胜诛求之苛"[1]。北宋英宗时期,职役就已非常繁重,农民"至有家资已竭,而逋负未除,子孙既没,而邻保犹逮。是以民间规避重役,土地不敢多耕而避丁等,骨肉不敢义聚而惮人上,无以为生"。马端临甚至记载了当时民"无以为生"的真实故事:"京东有父子二丁,将为衙前,其父告其子云:吾当求死,使汝曹免冻馁。'自经而死。"[2]北宋时期,国库空虚,加上每年还要对外交纳屈辱的"岁币",人民负担沉重。

---

[1] 马端临:《文献通考·自序》,第1册,第5页。
[2] 马端临:《文献通考》卷十二《职役考一》,第1册,第345页。

南渡以后，赋税负担更为严重，中央、地方皆巧立名目，搜刮民脂民膏，马端临记载曰：

> 盖自中兴以来，朝廷之经费日繁，则不免于上供之外，别立名色，以取之州郡，如经总制、月桩钱之类是也。州郡之事力有限，则不免于常赋之外，别立名色，以取之百姓，如斛面米、头子钱之类是也。[1]

他还引用叶适的话说："自有天地，而财用之多，未有今日之比。"[2] 水能载舟，亦能覆舟，两宋赋役制度上的贪酷无异杀鸡取卵，只能引起人民的强烈不满和不断反抗，从而导致社会危机进一步加剧和统治的逐步衰亡。

二是从职官制度上，分析两宋吏治的腐败。两宋的政治弊端丛杂众生，其中尤以"冗官""冗兵"为重，马端临在《职官考》和《选举考》中，就深刻剖析了两宋官制的问题。比如，他在记述宋代三公三师的除授

---

[1] 马端临：《文献通考》卷二十四《国用考二》，第2册，第720页。
[2] 马端临：《文献通考》卷二十四《国用考二》，第2册，第716页。

之后，指出："三公三师官之滥授，莫甚于宣和以来，所授者皆非其人。"[1] 宣和为北宋徽宗年号，正是蔡京、童贯之流胡作非为之际，连三公三师如此最高官都可以滥授，可想中央和地方官职泛滥到什么程度。宋代官制还有一个很大的毛病，即官阶和职掌分离，这就常常在政务上造成混乱，马端临揭露了这种官政混乱的可笑现象，他说："有以京西路某县令为阶官而为河北路转运司勾当公事者；有以陕西路某军节度判官为阶官，而为河东路某州州学教授者；有以无为军判官为阶官，而试秘书省校书郎者。其丛杂可笑尤甚。"[2] 又如，马端临还抓住北宋哲宗以后，宰相之上又有贵官的怪现象，批评了两宋权臣如蔡京、贾似道等人擅权专政、结党营私的劣迹，并深刻地说明："盖虽官极尊，而居之者多非其人矣。"[3] 最后，他又从选举制度考察官僚来源，指出了选举制度存在的"拘以资格，限以举主"[4]，堵塞贤路等问题。官制的弊病导致官僚

---

[1] 马端临：《文献通考》卷四十八《职官考二》，第3册，第1382页。
[2] 马端临：《文献通考》卷六十四《职官考十八》，第3册，第1931页。
[3] 马端临：《文献通考》卷四十九《职官考三》，第3册，第1413页。
[4] 马端临：《文献通考》卷三十九《选举考十二》，第2册，第1134页。

政治的腐败和黑暗,马端临对宋代官制的分析和批评,无疑为当世和后世提供了鉴戒,敲响了警钟。

三是从兵制的弊端,揭示两宋亡国的直接原因。两宋灭亡,自有其复杂的社会根由,然而军事上的失败无疑是其国土丧失、社稷不保的直接原因。马端临分析两宋兵制的弊端,思路极其清晰地指出了两个根本问题。第一个问题是"军政不肃,将骄卒惰"。他说,两宋"兵弱敌强,动辄败北",主要原因是"将骄卒惰,军政不肃所致"[1]。他在《兵考》中列举了许多事例,说明军政不肃,则将校敛掠乞取,坐放债负,习以成风;将骄卒惰,则不战自溃,动辄败北。兵制的第二个关键问题是,兵冗质劣,以至损国。马端临在总结历代兵制以后,专门对宋代的冗兵问题作了长篇议论,他指出,"兵之多寡,不关于国之盛衰",但是他列举了宋朝历史上多次以兵多而败绩的事例,却得出了在宋朝是"兵愈多而国愈危"的结论。本来,兵如手足国如身,手足强壮则身存,因此兵多国存,兵少国亡应是常理。但是为什么两宋是"兵多而亡"呢?他说:

---

[1] 马端临:《文献通考》卷一百五十四《兵考六》,第8册,第4611页。

> 宋兵虽多,劣质而不可用。犹病痱癖之人,恣其刍豢以养拥肿之四肢。胫如腰,指如股,而病与之俱增,以至于殒身也。然则所以覆其国者,乃兵也;所以毙其身者,乃手足也。[1]

他把宋朝的冗兵比作病肿的四肢,虽肿大而无用,不仅不能护身,反而因病肿而拖垮了自身。这就是马端临对于两宋兵制历史教训的生动总结。

四是从外交政策中看宋朝妥协苟且反招灭亡的下场。马端临不仅从兵制考察宋朝灭亡的原因,而且着眼于外交策略,指出了宋朝在外交上守内虚外、妥协苟且是招致亡国的另一原因。在具体分析两宋软弱的外交策略中,马端临认为,苟且偷安的国策在宋初定都时就已显露端倪。他批评了宋儒关于"宋北不得燕蓟,则河北不可都;西不得灵夏,则长安不可都"[2]的迂阔说法,指出"汉、唐都于长安,西北皆邻强胡","然则汉、唐之于诸边也,或取其地以为我有,或役其兵

---
[1] 马端临:《文献通考》卷一百五十四《兵考六》,第8册,第4621页。
[2] 马端临:《文献通考》卷三百二十二《舆地考八》,第13册,第8816页。

第十章 马端临史学的经世致用思想

以为我用,则密迩寇敌之地岂不可都哉?"[1] 由此说明,北宋定都汴梁,实质上是为了避开敌锋,这种苟且偷安的方针在北宋立国时便埋下了亡国的祸根。如果说苟且偷安还只是被动消极的策略,那么妥协求和则更是助长敌焰,将自己推向灭亡的边缘。马端临在分析宋金和战问题时,认为战不必亡国,而和却不能相安。他指出宋朝多次遣使求和,"不过徒为卑屈之辞,而不能已其吞噬之谋耳。燕云距江淮数千里,其间土地、人民、城廓,固我之封疆,以此众战,掎角牵制,彼亦不能保其长驱而必胜也"[2]。他对于宋金双方力量对比的分析,准确而详尽,由此揭示了宋朝在外交上不战自败的严重失误,尤其是他在考虑双方力量对比时,能看到各地人民参与众战,"掎角牵制"的重要作用,更是一般人所不能识见的。另外,他还揭露宋军多以"削平内寇,抚定东南"为功,而"一遇女真,非败则遁"[3] 等事实,分析了宋朝统治者守内虚外政策所造成的恶劣后果。

---

[1] 马端临:《文献通考》卷三百二十二《舆地考八》,第13册,第8816页。
[2] 马端临:《文献通考》卷三百二十五《四裔考二》,第14册,第8962页。
[3] 马端临:《文献通考》卷一百五十四《兵考六》,第8册,第4621页。

马端临在《文献通考》的史论中,把典制因革的历史总结和两宋衰亡的教训联结在一起思考,这是他经世致用思想的一个重要特点。

第十一章　苏天爵的文献征实思想

南宋灭亡以后，元初社会出现了对宋末空疏学风的反省。在新朝甫始，百废待兴之际，一批希望有所作为的学者力纠宋末道学高言空谈的弊病，同时，提出了不少务实致用的主张。比如，许衡的"践履笃实"，郝经的"道贵乎用"，以及刘因对于返求六经、避免"求名而遗实"的提倡。元初社会的求实风气，对于元代史学界注重网罗文献、考证史实学风的形成有重要的影响。再者，元朝统一以前，南北分立近四百年，长期的战乱纷争，史料散失，宋、辽、金"三史文书阙略，辽金为甚"；甚至"本朝"史料也有"旧文散失"

之忧。[1]因此网罗文献，以备征考之用的史学追求，在有元一代蔚然成风。在元代每一个历史阶段，都有注重文献网罗、考辨的代表人物和关于文献征实的思想。比如，在世祖、成宗二朝撰著《文献通考》的马端临就以"集著述之大成"为己任，在文献考订方面，主张"信而有征者从之，乖异传疑者不录"[2]。仁宗、英宗时的翰林国史院编修官袁桷，撰有《修辽金宋史搜访遗书条例事状》[3]，专门奏请搜求辽金宋史料，以为编修三史之用。活跃于文宗朝的虞集则注意到元初以来故老凋零、旧文散落对史实求征的威胁，他说："故老既无存焉者而遗文野史之略无足征，故常以为意，遇有见闻必谨识之。"[4]他利用在史馆任职的机会，"历观国家贵戚、勋臣世系"，"得从故家遗老闻祖宗时创

---

[1] 虞集：《道园学古录》卷四十二《肃政廉访司事赵公神道碑》，《四部丛刊初编》本，上海书店出版社，1989年。
[2] 马端临：《文献通考·自序》，中华书局，1986年。
[3] 袁桷：《清容居士集》卷四十一，《四部丛刊初编》本，上海书店出版社，1989年。
[4] 虞集：《道园学古录》卷十一《孟同知墓志铭跋》。

第十一章　苏天爵的文献征实思想

业之艰难"[1],收集许多世家功臣的事迹材料,撰写了大批人物碑铭行状。

综观有元一代,在文献征实方面成就突出,尤其是在保存、整理、编辑元代资料上贡献最大的,是生活于元代后期的苏天爵。苏天爵(1294—1352),字伯修,真定(今河北正定)人,《元史》卷一八三有传。其祖名荣祖,清人王梓材《宋元学案补遗》将其列于静修学案中的默庵讲友之中,其学重伊洛之旨,尝言"学贵适用也"[2],保留有北方儒学的经世之风。其父志道,曾任刑部主事、岭北行省郎中,"好读书",藏书堂"滋溪书堂"藏书万余卷。[3]苏天爵自幼受家学熏陶,稍长"即从同郡安敬仲先生受刘公之学"[4],《宋元学案》将其列于静修学案的默庵门人之中,他作为安熙弟子受刘因理学,则又可得刘因求实学风。他虽与许衡无

---

[1] 虞集:《雍虞先生道园类稿》卷三十四《跋曾氏世谱》,《中华再造善本》,北京图书馆出版社,2006年;《道园学古录》卷四十六《靖州路总管捏古台公墓志铭》。

[2] 邓文原:《苏府君墓表》,《元文类》卷五十五,《四部丛刊初编》本,上海书店出版社,1989年。

[3] 宋本:《滋溪书堂记》,《元文类》卷三十三。

[4] 赵汸:《滋溪文稿序》,载苏天爵《滋溪文稿》卷首,陈高华、孟繁清点校,中华书局,1997年。

师承关系，但却十分推崇许衡的"践履笃实"精神，称许衡为"笃学力行君子"[1]。由此看来，无论是家学、受学渊源，还是尊崇的先贤，在务实经世方面都对苏天爵讲求文献征实的学风影响甚大，关系密切。他23岁时试国子生便高中第一，从此步入仕途，曾任监察御史、江浙行省参知政事等，官至从二品，仕途可谓畅达。他的宦海生涯中，更有在史馆任职多年的经历，并参修了英宗、泰定、明宗、文宗等朝《实录》。苏天爵一生编著宏富，除了著名的《元朝名臣事略》《元文类》外，又有《滋溪文稿》《治世龟鉴》《刘文靖公遗事》《诗稿》《松厅章疏》《春风亭笔记》《辽金纪年》《宋辽金三史目录》等，前5种编著流传至今。

苏天爵不但有综罗文献的大量工作实践，而且对于如何搜集考订文献，以供历史借鉴之用有自己系统、独到的见解。我们可以从他的具体实践，并结合其《修功臣列传》《三史质疑》等有关论述，考察他的文献征实思想。

---

[1] 苏天爵：《滋溪文稿》卷二十八《题鲁斋先生遗像后》。

第十一章 苏天爵的文献征实思想

一、广收博取 时不我待

有元史家、学者不仅注意收集前代史料,难能可贵的是对当代文献的收录也非常重视。如前所述,早在元代中期,虞集就已经明显感觉"太平日久,旧文散落"的问题,呼吁对当朝史料的抢救。到了元代后期,文献散失的情况更为严重,中书省参议许有壬说:"百余年来,元勋伟绩世未尽白,故老知者湮没无几,家乘志铭不能家至而遍知也。"[1] 苏天爵早年在国子监就学时,便深受他的老师虞集的影响,开始了文献收录的工作,欧阳玄曾记载说:"年弱冠,即有志著书。初为胄子时,科目未行,馆下士鲜言词章讲诵,既有余暇,而笔札又富,君独博取中朝钜公文集而日钞之,凡而元臣世卿墓表家传,往往见诸编帙中。及夫闲居,纪录师友诵说,于国初以来文献有足征者,汇而萃之。"[2] 这就是说,从20岁左右开始,苏天爵实际上已经着

---

[1] 许有壬:《元朝名臣事略序》,载苏天爵《元朝名臣事略》卷首,中华书局,1985年。

[2] 欧阳玄:《元朝名臣事略序》,载苏天爵《元朝名臣事略》卷首。

手进行了《元朝名臣事略》的资料准备工作。入仕以后，他更加看到了蒙元初创以来，"功臣列传独无片简只字之纪，诚为阙典"，简册散落的危险性，大声疾呼：

> 若复旷日引年，不复记载，将见勋旧盛烈泯没无闻，为史官者无所逃其责矣。

他以史官的强烈责任感，看到了广收文献、时不我待的迫切性，因此上疏要求及早征集资料，编修功臣列传。他以为史有二体，纪传、编年，"近代作为实录，大抵类乎编年"，如果能在编写各朝实录时，也将诸臣事迹编为列传，便可"备二者之体"，使"君臣善恶得失，以为监戒者也"。他赞扬司马迁撰写《史记》时，"网罗天下放失旧闻，遗文古事，靡不毕集"。认为《史记》能达到其文直、其事核，谓为"实录"的崇高境界，基础在"贵乎网罗"，因而文献收集是首要之务。根据这一思想原则和自己的实践经验，他批评了史馆当时存在疏于搜罗的问题，并对广收博采文献资料提出了一系列具体措施。他说：

第十一章　苏天爵的文献征实思想

今史馆修书，不过行之有司，俾之采录。或功臣子孙衰替，而无人供报，或有司惮烦，而不尽施行。事之卒不能具者，此也。今史官当先取国初以来，至于某年中间功臣当立传者若干人，各具姓名，或即其子孙宗族，或即其亲旧故吏，或即其居官之所，指名取索。其人自当具报，不许有司因而烦扰。又诸公遗文，各处或已刊行，开具模印；未刊板者，令有司即其家抄录，校雠无讹，申报史馆。严立程限，违者罪及提调官吏，庶几事无所遗，汗青有日矣。[1]

以上他对广收文献提出了三个具体实施的步骤，一是选立传主姓名，二是广泛取索，三是刊行遗文。这些方法步骤，相对郑樵在《通志·校雠略》中提出的"求书八法"有异曲同工之妙，所有发展者，便是提出了再生文献的具体措施，即在广搜资料的基础上，对一些珍稀文献进行刊印，广为流传，以利后人所用。

---

[1] 以上皆引自苏天爵《滋溪文稿》卷二十六《修功臣列传》。

此外，他所提议的与广收文献相配合的规惩措施，也是很重要的。

苏天爵所提出的文献收集方法是他长期实践的总结，其实，在他于顺帝即位初上疏请修功臣传时，他的《元朝名臣事略》已经完成。[1] 既称"事略"，则表明他因个人精力所限，不能广立传目，而希望朝廷能以国家力量网罗材料，编撰更为全面的功臣传记。但即使是名为"事略"，这部传记体专著仍在当时和后世影响极大，时人称其书"略而悉，丰而核"，"今士大夫用心如伯修者几人？世所望于太史氏出于《事略》之外者，其将有所属乎？"[2] 给予了很高的评价。苏天爵撰辑的《元朝名臣事略》共15卷，记述了元初自木华黎至刘因共47人的事迹，全书均为各种材料的剪裁连接，这些材料采自传主的碑铭、墓志、行状、家传，以及当时的公文、私人文集、笔记等记载，全书引用文献达120余种，充分反映了该书广收博采的特点。这些材料的来源有的尚存，有的不存，因而许多篇章就靠本书得以保留，比如元初学者王磐、徐世隆、

---

[1] 见欧阳玄《元朝名臣事略序》，该序写于天历二年。
[2] 许有壬：《元朝名臣事略序》。

王鹗、元明善、阎复、李谦等人的文集今已亡佚，他们的不少文章就见于此书。又因为此书所采皆为第一手资料，真实可靠，故为《元史》列传所参考和利用，如《元史·木华黎传》就基本取自本书卷一《太师鲁国忠武王木华黎传》；《元史·姚枢传》则大部取自本书卷八的《左丞姚文献公枢传》。因而四库馆臣说："《元史》列传亦皆与是书相出入，足知其不失为信史矣。"[1]

除了《元朝名臣事略》，苏天爵还以个人之力，于顺帝元统二年（1334年）编辑了堪称元代文献渊薮的诗文总集《元文类》70卷。元人陈旅记《元文类》的纂集说，苏天爵以为"国朝文章之盛不采而汇之，将遂散佚沉泯，赫然休光，弗耀于将来，非当务之大缺之欤？乃搜摭国初至今名人所作若歌、诗、赋、颂、铭、赞、序、记、奏议、杂著、书说、议论、铭志、碑传，皆类而聚之"。他说此书"积二十年"之功，"百年文物之英，尽在是矣"[2]。苏天爵的这两部编著，充分体现了他广收博采、文献征实的思想，汇聚了元代大批

---

[1] 永瑢等《四库全书总目》卷五十八《元朝名臣事略》提要，中华书局，1965年。

[2] 陈旅：《元文类序》，载苏天爵《元文类》卷首。

重要文献，时人赵汸说："山林晚近得窥国朝文献之盛者，赖此二书而已。"[1] 时至今日，这两部书依然是元史研究者必读的基本文献。

二、文献积累　经世致用

文献的收集、整理和积累，要为经世之用，这是与苏天爵服膺"践履笃实"、求实用世的思想基础相一致的。比如，他编辑《元文类》的原则并非取美文佳构、华丽词藻，而是"必其有系于政治，有补于世教，或取其雅致之足以范俗，或取其论述之足以辅翼史氏，凡非此者，虽好弗取也"[2]。从这个要求出发，可以看到《元文类》所收的歌诗、赋骚并不多，仅有卷一至卷八共8卷，当然在这8卷中，雅致者也仍"足以范俗"。在余下的61卷散文中，如卷九的"诏赦"，卷十的"册文"，卷十一、十二的"制"文，都是元朝开国以来事关政治大局的重要文献；卷二十七到卷三十的

---

[1] 赵汸：《东山存稿》卷十五《书苏参政所藏虞先生手帖后》，《文渊阁四库全书》第1221册，上海古籍出版社，2003年。
[2] 陈旅：《元文类序》，载苏天爵《元文类》卷首。

各类"记"文,如学记、田记等等,是有关经济、教育制度的经世文献;而卷四十至四十二的《经世大典序录》,卷五十到五十六的"行状""墓表",卷五十七到六十八的"神道碑",卷六十九到七十的"家传",则都是"辅翼史氏"的各类史料。应该说,苏天爵以经世要求编纂总集的思想,对明清两代相继编辑《经世文编》的作法是不无影响的。

他撰辑的《元朝名臣事略》因所收多为开国元勋、辅佐重臣的传记资料,自然也是关乎政要而有经世之用,但尤为突出的是书中卷九收入了郭守敬这位水利专家的传记,叙述郭守敬在上都面陈水利六事,治理黄河,兴复灏河诸渠,开通漕运,以及历法、星象测定等事迹和制度,则更与民生日用密切相关。至于他撰著的文集《滋溪文稿》30卷,也是研究元史的重要文献。四库馆臣称其长于记事,"其序事之作,详明典核,尤有法度"[1]。其中有大量关于元代经济、政治方面的材料,如《郭明德碑》中关于边境屯田和军粮运输的议论,《李守中墓志铭》中有关河东、两浙盐政

---

[1] 永瑢等《四库全书总目》卷一百六十七《滋溪文稿》提要。

的记述，李羽、和洽两人墓碑中有关民间饲养官府驼马的记载；《赵秉温行状》中记叙建设大都和议立朝仪的经过，《赵伯成碑》中关于元初江南人民起义的记录，等等[1]，都是重要的经世文篇，具有很高的史料价值。

三、贵贱不分　功罪并论

苏天爵的文献征实思想还有一个重要观点，即认为在历史人物的史料收集方面，无论善恶贵贱都应广为网罗整理，尽可能给后人留下了解历史全貌的文献材料。

比如，他指出在整理功臣列传的史料时，就不能以官阶高低作为立传的标准。他说：

> 官阶虽有高低，人材则无贵贱。且作史者本欲纪载贤能，以为后世之法，初岂别其贵贱而辄以为等差。故赵周既贵，姓名止见于当时，黄宪虽微，善行永传于后世。近自金源以来，始以官

---

[1] 参见陈高华、孟繁清《〈滋溪文稿〉点校前言》，载苏天爵《滋溪文稿》点校本卷首，中华书局，1997年。

至三品者行事得登于史，是使忠烈隐逸之士凡在下位者皆不得书，又何以劝善乎？其法之谬，以至如此。今二品以上，虽有官封，别无事迹，自可删去。三品以下，或守令之贤，政绩可纪；或隐逸之善，著述可传；或人子之事亲，若王祥之孝感；或义士之赴难，若南霁云之杀身；并宜登载于编，以为将来之劝。[1]

在这里，他从历史借鉴的要求出发，强调历史的借鉴功能在于"纪载贤能，以为后世之法"，而不是作履历表，专以人物地位高低记流水账，因此不能以人物官阶高低等差为别，而应以是否"贤能"作为立传取材的标准。他特别指出，如无事迹，就是品级再高也不必勉为凑数；品级再低，那怕是不入流的隐逸平民，只要有善行义举，皆可登载于编，"以为将来之劝"。他还批评金朝原来的编史方法，认为金朝的功臣列传，三品以上"多无事迹，所书不过历官岁月而已，而四品以下当载者多，而史却不载"；元修金

---

[1] 苏天爵:《滋溪文稿》卷二十六《修功臣列传》。

史,当补充史料,"访求书之"[1]。在《元朝名臣事略》中,他也有意贯彻这种思想,全书入传47人,绝大多数为高官勋臣,像木华黎更是位列极品,号称国王,而偏偏在全书最后列入一个"隐居教授,不求闻达"的处士刘因。有议者以为殊不合例,但苏天爵则在传中述刘因对朝廷多次授官辞而不顾之事,认为"非操守有素,能如是乎"?"当风俗浇薄之中,忽得斯人,庶几息奔竞,厚风俗,而士类亦知惩劝矣"[2]。由此可以看出,刘因传的插入,正是苏天爵尊贤能,寓借鉴思想的具体体现。而在《滋溪文稿》中,更可看到,他所撰写的108篇行状、碑铭中,中下级官吏、隐逸儒生、妇女等占了半数以上的篇幅。

另外,他还强调在史传立目和人物传记的文献采集时,要做到善恶并收,功罪并论。其曰:

> 史之为书,善恶并载。善者所以为劝,恶者所以为戒也。故《春秋》成而乱臣贼子惧,后世史臣亦云"诛奸谀于既死,发潜德之幽光"。今修

---
[1] 苏天爵:《滋溪文稿》卷二十五《三史质疑》。
[2] 苏天爵:《元朝名臣事略》卷十五。

史条例只见采取嘉言善行，则奸臣贼子之事将不复登于书欤？彼奸臣者固不恤其书与否也，今从而泯灭之，是使奸计暴行得快于一时，无所垂戒于后世，彼又何惮而不为恶乎！且如阿合马、桑哥、帖失、倒刺沙之流，皆当明著其欺罔之罪，弑逆之谋，庶几奸邪之徒有所警畏。[1]

善恶并载、功罪并论的思想也是从历史鉴戒的要求考虑的，所谓"诛奸谀于既死，发潜德之幽光"，就是给后世乱臣贼子以警戒。他对于史馆的修史条例在征集材料时只取嘉言善行的作法十分不满，明确要求增补有关阿合马等奸臣的材料，以著其罪逆，使"恶者所以为戒也"。

四、校雠考辨　抉择去取

文献的校雠考辨，去伪存真是保证历史借鉴准确性的基本条件，因而苏天爵的文献征实思想中很重视

---

[1] 苏天爵：《滋溪文稿》卷二十六《修功臣列传》。

材料的考校和抉择。他的《三史质疑》[1]其实就是一篇对辽、金、宋三史史料考辨的杰作，其中辽金史方面辨叶隆礼《契丹国志》、宇文懋昭《大金国志》两书皆不及见国史，其说多得于传闻。"盖辽末金初稗官小说中间失实甚多，至如建元改号，传次征伐，及将相名字，往往杜撰，绝不可信"。又如辨证宇文虚中出仕金朝，因慢忤金朝权贵见杀，宋朝国史却褒崇虚中因谋弑金主被害，不免误传；岳珂《捏史》记金使施宜生漏言金廷用兵计划，也纯属虚构。在考辨宋史方面，则指出宋朝国史记"陈桥兵变"乃掩盖太祖篡周之嫌；另外，太祖之死，斧光烛影，也确有疑处；等等，都反映出他在淹通掌故的基础上，不轻信史料，敢于考辨的精神。

他在编辑《元朝名臣事略》的过程中，也表现了严谨的考辨态度。欧阳玄记述这部书的编辑有"中更校雠，栉去而导存，抉隐而搜逸"的考校过程。[2]四库馆臣也赞许此书在选材时"有所去取，不尽录全篇"

---

[1] 苏天爵：《滋溪文稿》卷二十五。
[2] 欧阳玄：《元朝名臣事略序》，载苏天爵《元朝名臣事略》卷首。

第十一章　苏天爵的文献征实思想

的方法。[1]例如该书卷十五的《国信使郝文忠公经传》,就分别采用了阎复所撰《墓志》、苟宗道所撰《行状》、卢挚所撰《神道碑》,以及吴澄文集和郝经自己《班师议》里的记载,其实在这5种材料的前3种中,任选一篇都可以单独形成郝经的传略,但是苏天爵没有采取偷懒的办法,而是经过精心校勘考辨,从5种文献中抉择去取,选出若干片段组成传略。无疑,这种严谨费力的工作,保证了传略的全面、翔实和准确。此书的编辑还有一个"条有征据"[2]、以示信史、为他人考订提供方便的优良方法。"条有征据"便是在每条原文下注明资料的来源,这种方法不仅有利当世,而且造福后人。后世便是根据这些标注所提供的线索,利用该书引文进行辑佚和校勘的,如对于阎复《静轩集》、元明善《清河集》的辑佚,对于姚燧《牧庵集》的校勘等。

应该指出,苏天爵的校勘取材也有百密一疏之处[3],但他对于历代文献资料,尤其是元代文献的收集

---

[1]　永瑢等《四库全书总目》卷五十二《元朝名臣事略》提要。
[2]　许有壬:《元朝名臣事略序》,载苏天爵《元朝名臣事略》卷首。
[3]　姚景安:《苏天爵及其〈元朝名臣事略〉》,《文献》1989年第3期。

整理，以及他丰富的文献征实思想，依然在元代是最为突出的。因此，《元史》称其"博而知要，长于记载"，于中原前辈凋谢殆尽之际，"独身任一代文献之寄"[1]，实为切中肯綮之论。

---

[1] 宋濂：《元史》卷一百八十三《苏天爵传》，中华书局，1976年。

主要参考文献

[1] 周密.癸辛杂识续集:卷下:道学[M].北京:中华书局,1988.

[2] 许衡.鲁斋遗书[M].刻本.1596(明万历二十四年).

[3] 佚名.宋季三朝政要笺证:卷五[M].王瑞来,笺证.北京:中华书局,2010.

[4] 陈亮.陈亮集:卷之一:上孝宗皇帝第一书[M].北京:中华书局,1974.

[5] 叶适.贤良进卷:卷三:士学下[M].宛委别藏本.

[6] 谢枋得.叠山集:卷六:程汉翁诗序[M].四部丛刊续编本.上海:商务印书馆,1934.

[7] 袁桷.清容居士集[M].丛书集成初编本.北京:

中华书局,1985.

[8] 吴澄.吴文正集[M].文渊阁四库全书本.

[9] 胡祗遹.紫山大全集:卷二十六:语录[M].文渊阁四库全书本.

[10] 陆文圭.墙东类稿[M].文渊阁四库全书本.

[11] 郝经.郝文忠公陵川文集[M].刻本.1507(明正德二年)

[12] 刘因.静修先生文集[M].丛书集成初编本.北京:中华书局,1985.

[13] 宋濂.元史[M].北京:中华书局,1976.

[14] 虞集.道园学古录[M].四部丛刊初编本.上海:上海书店出版社,1989.

[15] 苏天爵.滋溪文稿[M].陈高华,孟繁清,点校.北京:中华书局,1997.

[16] 黄宗羲.宋元学案[M].全祖望,补修;陈金生,梁运华,点校.北京:中华书局1986.

[17] 皮锡瑞.经学历史[M].北京:中华书局,1959.

[18] 许谦.读四书丛说[M].丛书集成初编本.

[19] 周敦颐.周子通书[M].四部备要本.

[20] 司马光.资治通鉴[M].胡三省,音注.北京:中华书局,1956.

[21] 苏天爵.元文类[M].四部丛刊初编本.上海:上海书店出版社,1989.

[22] 脱脱等.宋史[M].北京:中华书局,1977.

[23] 脱脱等.辽史[M].北京:中华书局,1974.

[24] 陈垣.通鉴胡注表微[M].北京:科学出版社,1958;沈阳:辽宁教育出版社,1997.

[25] 钱大昕.嘉定钱大昕全集[M].南京,江苏古籍出版社,1997.

[26] 揭傒斯.揭文安公文粹[M].丛书集成初编本.上海:商务印书馆,1936.

[27] 朱熹.资治通鉴纲目[M].文渊阁四库全书本.

[28] 张星烺.中西交通史料汇编[M].北京,辅仁大学图书馆,1930.

[29] 王士点,商企翁.秘书监志[M].高荣盛,点校.杭州:浙江古籍出版社,1992.

[30] 韩儒林.元朝史[M].北京:人民出版社,1986.

[31] 黎崱.安南志略[M].武尚清,点校.北京,

中华书局，2000.

[32] 陈高华,等.元典章[M].北京：中华书局,天津：天津古籍出版社，2011.

[33] 多桑.多桑蒙古史[M].冯承钧,译.北京：中华书局，1962.

[34] 程钜夫.楚国文宪公雪楼程先生文集[M].明洪武刻本.

[35] 危素.危太朴集[M].民国二年（1913年）刘氏嘉业堂刊本.

[36] 周达观.真腊风土记校注[M].夏鼐,校注.北京：中华书局，1981.

[37] 汪大渊.岛夷志略校释[M].苏继庼,校释.北京：中华书局，1981.

[38] 王礼.麟原文集[M].文渊阁四库全书本.

[39] 王恽.秋涧先生大全文集[M].四部丛刊初编本.上海：上海书店出版社，1989.

[40] 马祖常.石田文集[M].文渊阁四库全书本.上海：上海古籍出版社，2003.

[41] 耶律楚材.西游录[M].向达,校注.北京：中华书局，1981.

[42] 赵汝适.诸蕃志[M].文渊阁四库全书本.

[43] 永瑢,等.四库全书总目[M].北京:中华书局,1965.

[44] 刘郁.西使记[M].丛书集成初编本.上海:商务印书馆,1936.

[45] 李志常.长春真人西游记[M].丛书集成初编本.上海:商务印书馆,1936.

[46] 苏天爵.元朝名臣事略[M].姚景安,点校.中华书局,1996.

[47] 欧阳玄.圭斋文集[M].四部丛刊初编本.上海:上海书店出版社,1989.

[48] 章学诚.文史通义校注[M].叶瑛,校注.北京:中华书局,1985.

[49] 董仲舒.春秋繁露[M].北京:中华书局,1992.

[50] 李修生.全元文[M].南京:凤凰出版社,2004.

[51] 赵汸.东山存稿[M].上海:上海古籍出版社,2003.

[52] 虞集.雍虞先生道园类稿[M].中华再造善

本．北京：北京图书馆出版社，2006．

[53] 马端临．文献通考［M］．上海师范大学古籍研究所，华东师范大学古籍研究所，点校．北京：中华书局，2011．

[54] 朱熹．四书章句集注［M］．北京：中华书局，1983．

[55] 脱脱等．金史［M］．北京：中华书局，1975．

[56] 佚名．蒙古秘史［M］．谢再善，译．北京：开明书店，1951．

[57] 道润梯布．新译简注《蒙古秘史》［M］．呼和浩特：内蒙古人民出版社，1979．

[58] 佚名．圣武亲征录［M］．王国维，校注．王国维遗书本．

[59] 郝经．续后汉书［M］．文渊阁四库全书本．

[60] 金履祥．通鉴前编［M］．文渊阁四库全书本．

[61] 孛兰肹等．元一统志［M］．赵万里，校辑．北京：中华书局，1966．

[62] 方龄贵，校注．通制条格［M］．北京：中华书局，2001．

[63] 赵世延、虞集：《经世大典》，序录见《元文类》，

四部丛刊初编本；残本见中华书局影印《永乐大典》卷 15949—15950、卷 19416—19426。

[64] 任崇岳.庚申外史笺证[M].郑州：中州古籍出版社，1991.

[65] 刘祁.北使记[M].万有文库本.

[66] 刘祁.归潜志[M].崔文印，点校.北京：中华书局，1983.

[67] 程颢，程颐.二程集[M].王孝鱼，点校.北京：中华书局，1981.

[68] 朱熹.朱熹集[M].郭齐，尹波，点校.成都：四川教育出版社，1996.

[69] 陆九渊.象山先生全集[M].四部丛刊初编本.

[70] 耶律楚材.湛然居士文集[M].谢方，点校.北京：中华书局，1986.

[71] 周密.齐东野语[M].张茂鹏，点校.北京：中华书局，1983.

[72] 金履祥.仁山集[M].丛书集成初编本.

[73] 姚燧.牧庵文集[M].四部丛刊初编本.

[74] 赵孟𫖯.松雪斋文集[M].四部丛刊初编本.

[75] 许谦.许白云先生文集[M].四部丛刊续编本.

[76] 黄溍.金华黄先生文集[M].四部丛刊初编本.

[77] 陈旅.安雅堂集[M].文渊阁四库全书本.

[78] 杨维桢.东维子文集[M].四部丛刊初编本.

[79] 王鹗.汝南遗事[M].指海丛书本.

[80] 陶宗仪.南村辍耕录[M].北京:中华书局,1959.

[81] 刘佶.北巡私记[M].云窗丛刻本.

[82] 叶子奇.草木子[M].北京:中华书局,1959.

[83] 陈垣.元西域人华化考[M].上海:上海古籍出版社,2000.

[84] 白寿彝.中国史学史[M].上海:上海人民出版社,1986.

[85] 白寿彝.白寿彝史学论集[M].北京:北京师范大学出版社,1994.

[86] 吴怀祺.中国史学思想史[M].合肥:安徽人民出版社1996.

[87] 侯外庐等.中国思想通史:第四卷[M].北京:人民出版社1959.

[88] 侯外庐等,主编.宋明理学史:上卷[M].北京:人民出版社1984.

[89] 周良霄,顾菊英.元代史[M].上海:上海人民出版社,1993.

[90] 白寿彝,总主编.中国通史:第八卷[M].陈得芝,主编.上海:上海人民出版社,1997.

[91] 志费尼.世界征服者史[M].何高济,译.呼和浩特:内蒙古人民出版社 1980.

[92] 拉施特,主编.史集[M].余大钧,周建奇,译.北京:商务印书馆 1983.

[93] 马可波罗.马可波罗行纪[M].冯承钧,译.商务印书馆,1936.

[94] 傅海波,崔瑞德,编.剑桥中国辽西夏金元史(907-1368年)[M].史卫民,等译.北京:中国社会科学出版社,1998.

[95] 苏振申.元政书经世大典之研究[M].台北:台湾中国文化大学出版部,1984.

[96] 孙克宽.元代汉文化之活动[M].台北:台湾中华书局,1968.

[97] 王明荪.元代的士人与政治[M].台北:台湾学生书局,1992.

[98] 陈学霖,德巴里,编.元代思想:蒙古统治

下的中国思想和宗教. *Yuan Thought: Chinese Thought and Religion under the Mongols.* New York: Columbia University Press, 1982.